成为一名 法律人

广东南磁律师事务所 主编

SPM 南方传媒
广东经济出版社
·广州·

图书在版编目（CIP）数据

成为一名法律人 / 广东南磁律师事务所主编 . — 广州：广东经济出版社，2023.5
ISBN 978-7-5454-8620-9

Ⅰ . ①成…　Ⅱ . ①广…　Ⅲ . ①律师业务－中国
Ⅳ . ① D926.5

中国版本图书馆 CIP 数据核字（2022）第 243817 号

责任编辑：周伊凌　郭艳军
责任校对：赵　珂
责任技编：陆俊帆

成为一名法律人
CHENGWEI YI MING FALÜREN
出版发行：广东经济出版社（广州市环市东路水荫路 11 号 11~12 楼）
经　　销：全国新华书店
印　　刷：广东虎彩云印刷有限公司
（广东省东莞市虎门镇黄村社区厚虎路 20 号 C 栋一楼）

开　　本：787mm×1092mm　1/32　　**印　　张：**7.25
版　　次：2023 年 5 月第 1 版　　**印　　次：**2023 年 5 月第 1 次
书　　号：ISBN 978-7-5454-8620-9　　**字　　数：**157 千字
定　　价：39.00 元

发行电话：（020）87393830　　编辑邮箱：gdjjtzlc@sina.com
广东经济出版社常年法律顾问：胡志海律师　法务电话：（020）37603025
如发现印装质量问题，请与本社联系，本社负责调换。

序 言

法律工作的实践性很强，入行之初，每个人都是一张白纸，法律人成长的过程，离不开前辈的系统性指引，律师事务所会对新人进行系统实务知识培训。

律师事务所十分注重培训，在实践中，针对个案、单独的事件进行解说，手把手、事无巨细地进行指导，但很少有律师事务所会有意识、有耐心地把日常培训内容系统记录下来整理成册。对于新人而言，传统培训只能“一事一学习、一案一学习”，难以快速系统掌握基础性的实务知识；对于指导律师而言，要帮助新人做每个案件，对每个新人都要讲授一次，做大量重复的工作，而对于经手案件没有涉及的某些知识点，新人可能难以掌握。

法律行业注重传帮带，我们曾经也是初入职场的新人，成为指导律师后，希望能像前辈一样，将新人领入行，诚心诚意、毫无保留、尽己所能地传授技能，尽职尽责，使新人能顺利通过考核，尽早成为一名合格的法律工作者，也为其从事法律实务工作打下扎实的基础。

为了提高培训效率，为初入法律行业的新人成为一名合格的法律人提供一份较系统的入职培训、入门指引，我们有意识地总结以往培训经验，编撰成本书。本书是广东南磁律师事务所（简称南磁所）的内训教材，是南磁所入职培训的一些经验总结，希望对南磁所的同人有所帮助，能够通过本书及在南磁所的工作实践，练好内功、基本功，早日成为一名成熟的法律人。

编者：广东南磁律师事务所

2021年12月30日

目 录

第一章 职业认识

第二章 职业道德、纪律

第一章

职业认识

第一节　做一名什么样的律师

刚进入律师行业，我们可能对成为一名什么样的律师有无限憧憬，也可能有很多种设想。职业生涯最初如同一张白纸，随意设计，没有标准答案。没有人能够一眼看尽自己的未来，不要顾虑重重，只管脚踏实地去做，慢慢地走下去，未来才会渐渐明朗。

◆　要有职业自信

社会推行法治，客观上需要法律工作者，律师是一份有价值的工作，实现人生价值，为社会做出贡献。不必过分担心前途的问题，在实践中去摸索，总会走出一条适合自己的路。有一位前辈曾经很自豪地说律师职业是“精彩人生，无限可能”，做律师需要有这种自信。

◆　相信总有一条路适合自己

律师职业有多种发展路径，我们的职业目标可分成若干阶段逐步达成，可以尝试做公益，为普通百姓排忧解难，提供法律援助，可以为一些大型企业提供法律服务。职业规划有多种可能，可能立志成为某个领域一流的专家，可能在多个领域全面发展，可能花很多时间从事公共法律服务，可能组建自己的团队或者加入志同道合的团队，可能开办自己的新型律师事务所，可能成为一名涉外律师，可能参政议政，甚至可能成为立法者，成为制定规则的人。总之，有无限可能，舞台很大，任你所想，随你施展。

◆ 要制订职业规划

闲暇的时候，可以想一想：自己究竟要成为什么样的律师，以什么形象出现在大众面前？有什么样的职业规划？自己的短期、中期、长期规划是怎样的？在脚踏实地的同时，也要多往前设想、规划。在不同的职业阶段总结反思，现在的路是否恰当，是否适合自己，未来要去向何方。

这些问题没有标准答案，没有人能给出完全适宜的答案，自己的路要靠自己不断地去摸索、探寻。

短期内迷茫是正常的，是可以理解的，但如果入行很久后还是不知道自己前进的方向就需要深刻反省了。如果自己不去思考，可能自己都不知道自己要成为一名什么样的律师，要走什么样的道路。

◆ 坚守最基本、最朴素的理念

我们认为作为律师最基本的一条，就是要学会做人，要堂堂正正地做人，不逾越底线，坚守法律信仰，守护法律公平正义。坚守法律底线是最基本的要求。在任何时候，面对任何诱惑，都要坚守法律底线，不越雷池。除此以外，还要有高尚的情怀、人文精神和远大的理想，要待人真诚、内心充满爱，这样才能帮助到更多的人，办更多实事，维护社会公平正义，这样的人生也会更有意义。保持心地善良，专业的做事态度、水准，会让我们成为一名受人尊敬的律师。

◆ 要有做大律师的情怀

从事律师工作，即便当前籍籍无名，只是一名小律师，还不知道自己的前途在何方，但不论是何出身，从哪所学校毕业，基础好坏，都要有做大律师的梦想，有做大律师的情怀、志向，有坚定的法律信仰，致力于让法律成为更多人的信仰，争取创造更好的社会规则，让法律成为让社会变得更公正、更美好的工具，维护公平正义，做到德业并举。要相信只要自己脚踏实地，就可能成为行业领域专家，能够为社会提供有价值的法律服务。等老的时候，回顾我们的事业，可以无负于任何一位委托人，毕生都在维护法律的正确实施，无负于律师这一职业。

◆ 做好要花较长时间成长的心理准备

一方面，律师是一个需要长期成长、终身学习的职业，我们需要做好要花很长时间奋斗的心理准备。任何专业技能，都要花相当多的时间苦练方可真正习得，法律技能也不例外，需要花相当长的时间才能掌握出色的法律技能。另一方面，要在心里有个底，“当律师不易”，不要妄想着可以轻易成才，不要以为律师是一份轻松的工作，以为自己一下子就可以胜任复杂的法律事务。在迷茫或受挫的时候，不要考虑名利，但问自己是否足够诚心，是否足够有耐心，方向是否足够明确，意志是否足够坚定，是否已付出了足够的努力，是否一直保持着全力以赴的奋斗状态。

此外，做律师后会发现，律师工作强度很高，事务繁杂，但在努力工作、追求上进的同时，不要忽视家人，也不能忽视身体健康。要兼顾家庭，避免遗憾，家庭的温暖和工作一样重要，甚至是更重要的事情，同时要保持强健的身体，胜任律师工作。

第二节 法律思维

法律思维是一个很抽象、很复杂的概念，很难下定义，甚至不同的人可能会有不同的定义。此外，在不同的年龄阶段，或者在遇到一些特别的经历的情况下，可能会有不同的理解感悟。我们在学校专门学习法律期间都是在学习法律知识，通过系统性学习逐步培养法律思维，养成一种用法律来分析问题、解决问题的思维习惯。

用法律来分析问题、解决问题的思维习惯，是法律人要刻意培养、训练的，是法律人的基本功，它会贯穿法律人的整个职业生涯。

法律思维，跟普通人的思维相比，主要是多了法律的要素。普通人思考问题按常理、常识进行分析评判，较为简单、表面、粗糙。法律人思考问题，更复杂一些，也更严谨、更严密，对法律的理解很深刻，深谙法律精神，熟知当地的司法实践，以法律规则来评判，分析问题时会以事实、证据为依据，以法律为准绳，会先全面了解案件事实及证据，然后根据程序性法律规定、实体性法律规定、法理、司法实践惯例、自由心证等法律要素归纳分析法律事实，厘清事件的法律关系后，经过严密的逻辑推理得出结论，用法律语言进行表达。

所有人与生俱来的思维惯性都是根据常理、常情来进行判断、评判，脱口而出的都是一般的道德、常理、常识，而不是法律。这种常规的逻辑分析思维、常理判断，很多情况下跟法律的规定是一致的，但是由于欠缺法律性、规则性的分析，在很多场合可能会出现与法律规定不一致的情况。我们不能自以为学了法律就一定会形成法律思维，因为惯性思维是很难改变的，需要通过长期的学习和实践才能形成法律思维惯性。

在很多场合中，有些人可能因为懒于检索，不清楚具体的法律规定，在不知不觉中习惯性地按常理来分析。法律人应当避免此类情况，逐步培养成熟的法律思维。因为这种一般性的思考分析，在实践中极有可能与法律相悖，我们在工作中要特别注意。

有些人认为律师是为“坏人”辩护，判决未定，当事人已被认为是“罪大恶极”，老百姓可以进行道德评价，依常理、表面情况发表意见；而在律师眼中，自己只是在为当事人的合法权益辩护，对其人品无权评价，不置一词，说话要极为谨慎，在没有判决前，绝不能认为当事人就是犯人，一旦接受了辩护委托，就应极力为当事人辩护。在老百姓眼中，如果事实很清楚，即使没有证据，也认为必赢无疑；在律师眼中，如果没有证据，则该事项依然风险极大，必须花很多心思搜集固定证据。

在法律工作中，比较常见的错误思维是，将未法律化的道德义务当成法律规定的义务，将合理性等同于法律的规定，将一般的生活常识理解成法律规定，将客观事实完全等同于法律事实，思考、分析问题欠缺“法律性”。一名法律工作者，必须有法律地位高于一般道德的认识。

我们在分析问题时，一定要切记不得脱离法律规定，遇到问题时首先要思考法律是怎么规定的，有没有直接的法律依据，适用哪一条法律条款，没有法律规定的情况要考虑是否符合原则性的规定及法理，我们持有的证据材料是否与法律规定相符，我们作出的处理是否与法律规定相冲突，归纳出的法律事实是否有足够的证据及法律支撑，是否足够严谨，是否足以排除争议，相关法律法规有无修订，这些都是法律思维最基本的要求。

法律是公认的普遍适用的社会治理规则，有数不尽的优点，但是像任何事物一样，法律也会有缺陷，比如法律有滞后性，可能与新事物不相适应，法律具有普遍性，但可能某些情况也会存在不合理性，某些特殊个案可能对当事人不公平。我们从事法律工作，就是要让法律发挥良性作用，指导人们利用法律保护自己的合法权益，避免法律被不正当地利用。法律具有普遍性、权威性、国家保障性，这是任何人都不能漠视、逃避的社会规则，尤其是我们法律工作者，要知道这种规则运行的机械性。比如，没有证据证明的事实，在民事诉讼中不管当事人有多惨，有多么让人同情，按法律规则就是要承担不利的后果，这也许会让人觉得法律很“现实”、很“残酷”、很

“无情”、很“死板”，但是这些都是不按法律规定“办”的结果。我们应重视证据，深刻地体会到法律规则的运行机制。面对“死板”的法律，我们都期望能有“灵活”的执法者、司法者，但更重要的是指导当事人“合规”，慎重看待法律问题，表面与实质同样重要，实体与程序缺一不可，不可忽视证据，要不厌其烦地按法律规则来办。

此外，法律思维还有一些其他含义，比如善良的心是最好的法律，再公正的法律，由蛇蝎心肠的人去执行，可能也不会有公正的结果。

坚守法律底线、公平正义底线，坚守法律信仰，注重和解、调解等解决问题的方式，理解自由裁量权。遇到法律问题时，既要坚持“纯粹”的法律，又要兼顾考虑其他学科的知识，甚至兼顾政治等因素的影响；注重防范经验主义；等等。这些都需要我们在实践中体会、总结。

有关法律思维，更深层次的内容是根植于内心的法律信仰，以及忠于法律的价值观念。在大多数情况下，我们都会坚定不移地执行法律，但是在一次又一次遭遇现实打击的情况下，在多次败诉的情况下，在黑恶势力的逼迫下，在当事人都妥协、认命、放弃法律权利的时候……我们是否还能一如既往地坚定法律信仰，是否还能够无畏无惧地坚守职责，都有赖于法律思维。

第三节 律师思维

律师思维是法律思维的一种，具有法律思维的共性。律师思维具有很丰富的内涵，难以用只言片语说清楚。律师思维除了法律思维的特性外，还具有明显的职业特性，基本特点主要有以下四个方面。

第一，维护委托人的合法权益。律师的职业角色是委托代理人，是受托办理他人之事，用自身专业知识维护委托人的合法权益。与此同时，基于职业道德，必须保守客户秘密，不得损害客户利益，这些不仅是职业道德的要求，也是律师的法定义务。此外，坚持专业的、独立的意见，为委托人提供专业的法律意见是我们的职责，哪怕委托人并不采纳甚至误解，也要将正确的法律意见提供给客户。

第二，代理人思维。律师只是代理人，不是当事人，要认清自己代理人的地位、角色，未经委托人同意，不能擅作主张，也不能依照自己的意向办案，因个人的喜好而感情用事；要保守当事人的秘密，不可公开谈论案件，维护当事人的合法权益，不能消极履行自己的职责。律师行事源于委托人授权，不可越权行事，即便是特别授权，也要切记代理人的立场，完全代表委托人，不能根据自己的意志作决断。如果我们对客户或委托事宜不满，可以不接受委托，但是一旦接受委托，就要坚守维护当事人合法权益的立场。当然，委托人恶意利用律师代理实施违法行为的除外。

第三，解决问题的思维。我们的工作是处理当事人遇到的法律问题及相关问题，解决当事人的矛盾纠纷，要在法律规定的范围内，竭尽所能找到解决问题的最佳方案。寻求一个比较合适的解决方案，不要牛刀割鸡，不要生硬地导致矛盾升级，不要错过解决问题的时机。我们既要知道法律的边界所在，又不能囿于法律规定行事，须知在法律规定范围内会有多种解决方法，可以依法灵活处理，要拓展认知深度和宽度，不能仅仅知道法律规定，要有创造性的思考、发散性的思维，比如处理一些商业问题，既要有法律思维，又要有商业项目策划思维。设计的方案既要符合法律的规定，又要能解决问题，在出现冲突的时候能够争取达到平衡，而不是轻易地直接否决整个项目。要非常注重细节，在办理案件时做到逻辑严密。不要轻易放弃解决问题的机会，要创造性地思考解决办法。我们的工作，就是寻找更好的解决办法，以完成当事人的委托。

第四，规则思维。我们知道法律的边界、底线所在，既要按照实体性的规定，也要遵循程序性的规定，二者并举，不可偏废，要正确认识风险，尽量避免、降低风险，在风险无法避免时，要在法律范围内提出客户可接受的、风险可控的方案，同时要做好铺垫，力求在发生风险时，避免让客户在法律上陷于被动。在律师眼中，没有君子、小人之分，一律以法律规定、规范行事，即便是君子之交，也要建议客户要有契约精神、证据意识，要遵守合同约定，不要随意违约，要有完善的可以形成证据链的证据档案。律师要有强烈的法律意识，保证经手的法律事务符合法律的相应规定，受法律保护，避免承担不利的法律风险。

律师思维还有很多内涵，我们要在实践中慢慢体会。比如严谨，我们在诉讼中准备的证据能够一次性备齐的不能因为考虑不周而二次、三次提交，应了解全部案件细节，知道哪些细节能说，哪些细节要回避陈述，知道要准备哪些证据，知道自己证据的薄弱之处及应对办法，同时也要预测对方可能的抗辩及证据，深入思考，周全考虑，充分准备。又如独立思考，作为独立的专业人士，我们要有自己的专业判断，若当事人的要求违背法律，我们要坚定拒绝，不能唯唯诺诺一味说好话。再如不要受定式思维约束，凭经验主义办事，各地司法实践存在差异，每个地方可能会有其当地特色的做法，此地经验未必适用于彼地，法律常常更新，律师也要与时俱进。再如深度思考，某一借贷案件中，客户提供了借条，但案件实质上是合伙权益转让纠纷，要充分考虑上一层的合伙法律关系。此外，律师思维还包括前瞻性思考，要预测下一步要干什么，接下来会发生什么，提前做好准备，所设计的方案要有发展性。

总而言之，最基本的是要学会做人，要诚实、善良、富有责任感，通过系统的法律学习、法律实务历练，以胜任律师工作。要敬畏法律，不要做犯法的事，要始终心存敬畏，守住底线。

第四节　阳光心态，近墨不黑

法律是生活的体现，开始代理案件后，我们可能会看到、感受到人类的善良、温情以及社会生活中让人感动的一面，也可能会看到很多邪恶，尤其是刑事案件中经常暴露出社会生活中黑暗的一面和人性中险恶的一面，而民事诉讼中也会看到很多不诚信的行为、钻法律空子的行为、很多我们极为不齿的行为。我们会跟各种不同的人打交道，包括善良的、阴险狡诈的、险恶的、品行极差的，也会遇到很多奇葩的、匪夷所思的事件，这些是社会的现实，是人生百态。我们要知道善，也要知道恶，要知道人情世故，这样才能更加成熟、稳重。

从业时间长了，可能会遇到很多好人，也可能会跟很多品行不好的人有所接触，会看到很多非法勾当，甚至还要为这些违法者辩护、代理。但就算我们看到再多的黑暗，也要保持阳光的心态，就算接触再多违法悖德的人，也要毫不怀疑地相信社会大众是善良的，也要坚守道德、法律底线，保持善良，敬畏法律、信仰法律，切莫沦为违法者的帮凶。

我们中有人可能因为一些案件离奇败诉而想不开，情绪低落，这是很常见的。我们可能花了极大的力气，准备了数万字的材料，但仍不能胜诉。有些案件，即使你认为在证据上已有相当大的把握，自己也拼尽全力，可能还是会因为种种原因而败诉，所以，勿向客户承诺结果，避免不必要的矛盾。当心中信仰的法律本应按规定程序运行，而事实上并非如此的时候，我们难免内心失落。如果不能调整好心态，则是一件可悲的事情。与其郁闷、失望，不如依法依规地为公平正义继续奋斗，要有“鞠躬尽瘁，死而后已”的信念，要有“尽人事，顺天命”的心态，拼尽全力，坚持到底，且又能坦然面对。

我们可能会在执业生涯中遇到很多挫折，内心一定要强大，要能扛得住困难、承受住压力，要有强大的耐挫折能力，要足够坚强，不要计较一时得失，坚定法律信仰，成为一名合格的法律人。

第五节 执业习惯

初入职场的时候，我们对每一件事，哪怕很小的事，都会高度注意，认认真真完成，特别谨慎，稍微熟练之后，或者工作比较忙碌的时候，很容易在不知不觉中懈怠，会变成“老油条”，这是人的惯性，各个行业皆是如此，这是要特别注意的。

法律行业是极其严肃的行业，良好的执业习惯尤为重要。如果在入行之初就懒懒散散，不注意养成良好的执业习惯，迟早有一天会碰壁。

入行之初，前辈每每耳提面命、苦口婆心，甚至责骂训说的都是执业习惯的问题。然而，只有自己自觉，才能养成良好的习惯。

客户基于对我们的信任，将自己的财产、人身自由、命运等重要事项托付于我们，我们绝对不能马虎，要充分认识到这一点。

我们做的法律工作，可能是终身的主业，每一件案子、每一份文书都是我们职业形象的体现，任何马虎了事、有失专业水准的工作记录，都可能会成为我们职业生涯中的败笔，所以工作态度、工作标准也与自己的执业形象相关。司法界也曾发生过判词中出现错别字的情况，贻笑大方。所以在工作中一定要谨慎，如果细节出错，客户会不满意，甚至认为你不上心、不负责任，如果是公开的文件，可能成为舆论笑柄。

从入行之初，就要以高标准要求自己，对待每一件案子都像对待大案、要案一样，对自己的工作要求、标准、水准要追求完美、极致，一丝不苟，要养成良好的执业习惯，将这些习惯刻在自己的骨子里，在工作中无须任何人要求、提醒，都能主动做到。如果不刻意地以这种标准来要求自己，在长期高强度的工作中，在漫长的执业生涯中，就会慢慢懈怠，在工作繁忙的时候，不能事事兼顾，但这绝不是降低标准的理由。

对于每一件案子都要秉承谨慎的态度，任何时候都不要掉以轻心，哪怕是己方已占上风，哪怕自认为案件没什么太大问题，哪怕这类案件自己已办了几十件、上百件，也要知道每个案件都有其不同之处，要慎重对待，把能做的都及时做到位。

在工作中，不同工作的紧急程度不一，不可能每一件工作都按特级标准去做，但是要有相应的标准、符合该工作要求的标准，这样才能对得起客户、对得起良心。

另外，我们要规范办案，防范风险，不要嫌麻烦，不要因为客户不配合就放弃坚持应有的规范。风险是潜在的，错误是潜在的，这次可能没有发生，下次则未必，规范办案是防范风险、差错的重要方法，良好的职业习惯会大大降低风险发生的概率。

曾经有一位同行，遇到一个案件，一位女士因工伤委托该律师代理，签署了委托代理合同后，律师电话通知多次，该女士迟迟不来签署工伤认定申请所需的相关材料，时间拖得久了，律师也不再继续联系。该律师没有按一般的规范邮寄书面解除委托代理合同通知书。一年多后，当事人找上门说是律师误了她的事，在工伤申请期内没有帮她申请，导致其权益无法得到保障，到事务所大闹了一场。

“千里之堤，溃于蚁穴”，我们在工作中常常看到的是主要的、核心的“堤”，有些人认为完成了主要的工作即可，一些细小的工作不必那么重视，这种想法是错误的，在你不重视的时候，你看不到的“穴”会让你的工作毁于一旦。不注意风险防范以及不规范的工作习惯，就是这些“穴”，是我们要时刻提防的。一些不规范的习惯，会害人害己，可能会让你忘记了立案、忘记了开庭、记错了开庭时间、忘记了跟进查封、忘记了续封、忘记了上诉等，等到真正遇到这些情况的时候，为时已晚。

除养成良好的执业习惯外，还要终身学习，与时俱进，学以致用，要学习经世致用的知识，还要多与同行交流，向优秀的同行看齐。比如有的同行非常优秀，已经很成功了，仍极度自律，工作时西装革履，桌面非常整洁，案卷摆放整整齐齐，每份文书都要审核两三次才发出去。

良好的执业习惯，是我们每一位新人要特别注意去培养的，是法律行业的制胜法宝。

第六节 不脱离基层

法律是统治阶级意志的体现，很多人认为法律是为有钱人服务的，这实际上是一种偏见，是没有正确认识法律的表现。阶级、阶层现象是客观存在的，不以人的意志为转移，但是法律面前人人平等，无论财富多寡，并无三六九等之分，何来法律只为有钱人服务之说呢?

法律不会损害任何一个普通人的合法权益。也许有人会质疑某个规定、某项制度是不是真的公平，但法律并不是让人人都满意的规则、制度，让法律脱离阶级性是不切实际的想法。但是，法律面前人人平等，已经是妇孺皆知的事实。纸上的法律，写下来的权利，可能会一时受到限制，但是终究在法律上还是会有交代的。

我们的社会是普通人的社会，普通老百姓有着急切的法律服务需求。我们可能会遇到一些经济能力有限的客户，对于确有困难的人，我们不要那么现实、势利，不要因为自己积累了很多优质的资源，就把身边遇到的民生法律事务完全放在一边。绝大多数普通老百姓是纯朴的、善良的，他们给的报酬可能不高，有时候会给你一桶自榨的花生油、一些自制的腊肠甚至一大包番薯等土特产，但这是他们最真挚的情感。不为农人，不知农人苦，不为工人，未知其艰辛不易，要永远心怀慈悲怜悯之心，不失律师之公德道义。

不是说要把自己“贱卖”、不收费，不收费是不合规的、不符合市场规律的，不收费连自己都养活不了，连家人都养不活，又谈何帮助别人呢？只是说像医药之于健康，法律之于公正，这一类职业本皆为善业，不宜过于商业化，忘了行业之本义。

不管做了多么高端的业务，都不要忘了自己最初的理想，有时间还是要回最基层走一走，到公共法律服务中心去值一次班，办理一起法律援助的案件，重温当年为普通老百姓解决麻烦事，为群众办实事的成就感。

普通大众才是最大的社会生活群体，只有深入基层，才能深刻地体会法律在普通大众中的作用，才能感受到真实的生活，以及法律在人民群众中运行的状况。

第七节 不断修行，厚德载物

所有职业都需要终身学习，法律工作也一样，不要以为通过司法考试就可以不努力了。如果不继续努力学习，有一天你会发现自己掌握的知识已经与实际脱节了。法律是国家公器，纷繁复杂，博大精深，并且不断更新，不是短时间内就能掌握的，也不是一劳永逸的，要做好长期学习、终身学习的心理准备。

坚持正确的思想价值观，才会作出正确的决策。任何时候都要明辨是非对错，凡事具体分析，作出正确的处理。如果自己格局小，可能难以做出大气的事。如果自私，可能不会考虑整体。如果心里没有善念，办起事情来也会冷冰冰的。如果没有担当，可能不会扛起自己的责任。如果责任心不强、不热爱工作，可能不会全力以赴。

“自强不息，厚德载物”是我们自小学习的哲理，跟量变与质变的哲学原理是一致的，“没有金刚钻，不揽瓷器活儿”，只有不断地学习、研究、积累，才能掌握能够解决实际问题的技能。我们要潜心钻研，掌握专业技能，提高自己的综合实力，在机会到来的时候紧紧抓住，脱颖而出。进德修业、德艺双馨，是事业永续发展的不竭动力，失德则事业难以长久。

古语有言，“德不配位，必有灾殃”，这警示我们要不断苦练内功，修身养性，努力钻研专业知识，提高自己的能力。如果不学无术，总有一天会碰壁，这是我们要时刻警醒的。

第八节 我的性格是否适合做律师

很多人有时会怀疑自己的性格是否真的适合做律师，这是自卑脆弱的表现。既然已经选择法律事业，就不应该再浪费时间去想能不能的问题，而应该去想怎样才能做到、做好。

双耳失聪的贝多芬成为伟大的音乐家；丧失视觉和听觉的海伦·凯勒成为伟大的作家；全身瘫痪，无法写字、不能说话的霍金成为伟大的科学家。这些“被命运扼住喉咙”的人，心里从来没有想过不可能。

广州有一位名叫盘铭径的盲人律师，有严重的先天障碍，也不是正规科班出身，却决定参加司法考试，有百余位志愿者帮助他翻译盲文，政府机构也为其专设考场，经过多年备考，他终于通过司法考试，他从来没有怀疑过自己做不了律师。

只要你的意志足够坚定，很多障碍都会为你让路。这种例子自古不乏，“古之立大事者，不惟有超世之才，亦必有坚忍不拔之志”。立志坚定，终会有所成就。

社会各行各业中，有很多从业者都是普通人。曾经遇到几个人，他们认为开车很难，但是满大街都是司机。其他职业也是一样，比如教师、医生、科研人员、工程师、注册会计师，世界上有很多人从事着这些职业，并不是只有一两个人才能做。律师也一样，全国有几十万名律师，那么多人都可以做律师，为什么我们不适合呢？

其实，你不是做不到，也不是做不好，只是想一蹴而就，一步登天而已。所有怀着“一步登天”这种不切实际的想法的人，都会觉得自己做不到。只想“一口吃成胖子”，自然会觉得做律师很难，会怀疑自己可能不适合做律师，因为这种思想不符合事物发展规律，注定是不可能成功的。

说回法律工作，司法考试有一定难度，但是很多人都考过了，可能一次考过，也可能坚持多次终于通过。有很多人都通过了司法考试，你为什么没有信心呢？通过考试后，从事法律实务工作，刚入行一开始可能不懂，写份文书都写不好，处理案子也无从下手，也不知道如何与客户沟通，畏首畏尾，内心紧张，生怕出错，用尽力气还是做不好，客户有意见，师傅不满意，甚至有时还会犯错误被批评。其实这是很正常的，所有新入职的人，都是这样的，不必怀疑自己。你不懂的东西，做不好的事情，可以向师傅请教，虚心学习。仔细想想，师傅给你讲解的案子，有哪一件是你无法理解的吗？基本上是没有的。你现在觉得难的东西，可能过段时间后会觉得原来只是小菜一碟。所以，不要怀疑自己，只是你从事的法律工作，需要相当扎实的专业功底，需要花比较长时间，才能真正掌握本领，多学习，多给自己一些时间，肯定能做好。师傅也只是早入行几年，多做了几个案件而已，当你放下急躁、浮躁，经过长时间的历练，自然也能达到相当高的水平，甚至会青出于蓝。

人与人之间在学习能力上没有太大差别，不要妄自菲薄，更不要自我设限。只要肯下功夫，世上无难事。哀莫大于心死，如果心中认为不可能，则事倍而功半，甚至很难成功。

有人可能会觉得自己口才不好、性格内向，不会应酬等，相比于先天残障者，这种理由简直极为可笑。就算某方面存在缺陷，学会合作，扬长避短，也可以充分发挥自己的才能。孟子说："人皆可以为尧舜。"曾国藩在家书中写道："业之精不精，则由我做主。然吾未见业果精而终不得食者也。"没有天赋异禀，只能下苦功，不只是说勤奋，还要花费更多的心思。

记得电视剧《青岛往事》中有一句劝诫人奋发努力的台词："别人坐着，你得站着，别人站着，你得走着，别人走着，你得跑着。"如果这样下功夫，何愁做不好律师呢。

第九节 听其言，观其证据

世间有大善，也有大恶，做法律工作，可能会遇到信口开河的人、三缄其口的人、说话只说一半的人、谎话连篇的人。有时候我们遇到的“可怜人”事实上未必可怜。我们的委托人有时候也未必会对我们说真话，可能心思比我们想象的要复杂得多，可能不会告诉我们全部事实，或者陈述会有所偏差，甚至对我们讲假话。做法律工作，不能先入为主，不能只听陈述、只看表面，不能感情用事、感性判断。

在我们的工作中，客户购买的是专业的法律服务，因此在法律专业范围内，以我们的专业意见为准，不能被客户左右，不要唯唯诺诺，一味顺着客户的意见，否则有失专业水准。在法律业务上不可降低标准、要求，不可缺少步骤，要坚持按规定办，不要因为客户不配合就顺从客户的意思，若不按照法定要求、标准去做，则会产生不好的结果。一味顺从可能会让客户在短时间内满意，但最终结果可想而知，这也是不负责任的表现。法律层面上不可能的事绝不能顺从客户，这种事情没有商量的余地。关于证据的标准，也要坚持我们的专业意见，不能因为客户嫌麻烦，或者消极提供资料而轻易降低证据标准。

对于那种自以为是的客户或不听从专业意见的客户，即使不好沟通，也要耐心地去沟通。实践证明，大多数客户不怕律师总是叨扰他，就怕律师不理他，你的敬业，终会赢得认可。

另外，我们不能只听客户的陈述，而不去审查证据，否则极易闹笑话，甚至会作出错误的判断或者抉择。我们曾接待过一个客户，当事人称有借条，还详细说了借条的内容，我们认为证据很清晰，打官司争议不大，就让他把借条发给我们看，结果发现借条全部是打印版，并且没有任何人的签字。所以，要眼见为实，没有证据的口述材料，离“法律事实”差距还很大。

第十节　要有年轻人的样子

初入律师行业的新人大多是年轻人，要有年轻人该有的朝气蓬勃、青春活力；要有年轻人该有的精气神、气质、韧劲；要有初生牛犊不怕虎的勇气；要有自信；要有“天生我材必有用”的信念；要坚定地走自己的路；要相信经过历练，会找到自己的出路；要有志向，要陶冶高尚的情操，勇于超越，充满奋斗的动力，竭尽全力做每一件事，做每一件事都能够付出最大的努力，勿浮夸，忌激进，脚踏实地，力求稳重；要极为自律，坚持看书、运动，使胸中有墨水；要积极进取、拼搏；要对工作高度热忱，做事虚心而有激情；要广泛交友，向优秀的人学习，使眼界开阔；要学习新鲜知识，要敢于创新，敢于尝试，敢于走不同的路；要知道律师行业是服务行业，竞争激烈，客户可以选你或者不选你；要用心做好服务，做事情要有积极主动的态度；要虚心学习，做好长期下功夫的心理准备；要耐得住寂寞，戒骄躁，坚持研究、沉淀，学好本事，好好提升自己，争取早日能够独立办理业务，独当一面，从一开始就要坚持尽最大的能力为委托人提供高品质的服务。安逸守不来成绩；要有刚毅的意志，无惧磨难……

不要怕吃苦、吃亏，多做案子，多与前辈、同事探讨，哪怕不是自己跟进的案件，只要不是保密案卷，都可以借阅来研究、学习，甚至可以抽时间去开庭旁听。多问、多请教，主动一些，才能学习到更多。要坚持自主自发地努力奋斗，不用扬鞭自奋蹄。

不要因为遭遇挫折而消极懈怠，甚至萌生放弃的念头，如此脆弱的心态及孱弱的意志力，难以做好工作。在实习阶段，师傅、同事会帮助你，不要畏首畏尾，自我设限，这是过度谨慎、紧张的表现，不利于自身成长。但是适当的谨慎还是有必要的，在交付成果时，尤其是交给公检法部门的文件，一定要提前请前辈审阅。要胆子大一些，放开手脚去干，积极主动地去做，把自己当成是主办人去做，有不懂的主动请教，向前辈学习经验。

此外，还要注意要有自己的主见，要敢于怀疑，有时候，师傅、前辈甚至法官、检察官的看法、意见都未必是对的，要有自己的独立思考。

我们可能没有前辈那么有经验，但是我们可以尝试新事物，工作可以做得更多、更细致，服务更热情，花更多的时间去研究，这些都是前辈无暇顾及的，也是年轻人的机会。有时候可能会有一些无力感，但只要开动脑筋，肯定还可以做得更多。不管工作多么忙碌，都要坚持学习、提升自己，趁着年轻，可以去考研、考博、考相关资格证书，追求更丰富充实的人生。

好高骛远，急功近利，眼高手低，一曝十寒，对专业没有激情，缺乏严谨的治学态度，缺乏坚持研究的耐性，这些都是要注意避免的。

第二章

职业道德、纪律

第一节　律师职业道德、纪律的基本认识

学习法律实务的同时，还应学习职业道德规范，养成良好的职业道德，树立职业敬畏之心，知悉职业禁忌，遵守职业纪律，不逾越底线。

职业道德伦理，是一些抽象而影响深远的思想，属于价值观范畴，是律师行业经过长期发展，代代传承的、普遍认同的伦理规范，是一些良好的职业品德、优秀的职业习惯，也包括不可触犯的职业禁忌。懂得职业道德、职业规范，可以让我们成为一名合格的律师，让我们坚定法律信仰，形成良好的职业素养、专业操守，有律师应有的良好品格、形象。遵守职业道德伦理，有助于树立行业的良好形象，而律师的负面行为有可能给整个行业抹黑。

民国有一位律师名叫施洋，曾领导了汉阳钢铁厂工人罢工、京汉铁路工人大罢工，他在写给妻子的信中写道："你问我'你一个有名的律师，为啥还这么穷？'我说：'挣了一些钱都接济穷苦工人、车夫、马夫们了。'"施洋因崇高的道德情操被大家称为"劳工律师"。有崇高之德，亦有高尚的行为，可谓业界良心。

业务实践中，也会有一些违纪、违规、知法犯法，甚至被通报批评、被处罚的同行，他们不会受人尊敬，也没有很好的口碑。

法律行业涵盖众多的管理规定、行为规范、业务规范、职业道德规定，我们要系统学习相关知识，以培养良好的执业素养、执业习惯。

我们是法律工作者，作为专业的法律人士，自己首先要尊法、守规，不能以身试法。若有毁灭证据、伪造证据、提供虚假证据，威胁、引诱、教唆作证，泄露不应当公开的案件信息、泄露国家秘密等犯罪行为，以及明知是违法业务而代理、藐视法庭、在刑事会见中恶意替人传递书信、不按时开庭、不及时办案导致错过时效、没有为当事人续封财产、接受委托后无正当理由拒绝辩护或者代理、泄露当事人秘密等违法违规、失职失德的行为，轻则承担赔偿责任，遭受行政处罚、行业处分，重则涉嫌刑事犯罪，被吊销律师执业资格证，同时，会对自身的职业形象造成影响，在执业生涯中留下污点。这些行业规定、规章、规范是我们要特别注意的，要进行系统性学习。我们要严格遵守行业管理规定，这是底线，无论何种情况下，都不能越雷池。

法律从业者，都应专门查阅司法机关、行业协会等针对律师违法、违规进行处罚的案例，时刻引以为戒。

第二节　行业管理法律法规、规范

广东省及全国律师行业的管理性规定主要有以下几个方面。

◆ 法律法规、规章、规范性文件

《中华人民共和国律师法》（简称《律师法》）、《广东省实施〈中华人民共和国律师法〉办法》、司法部《关于进一步加强律师职业道德建设的意见》。

◆ 综合性管理规范

《律师执业行为规范》《广东省律师协会会员违规行为处分实施细则》、中华全国律师协会《关于印发〈律师职业道德基本准则〉的通知》、《律师职业道德和执业纪律规范》《律师协会会员违规行为处分规则（试行）》《中华全国律师协会律师执业行为规范》《广东省律师协会章程》等。

◆ 专门性管理规范

《中华全国律师协会关于禁止违规炒作案件的规则（试行）》《中华全国律师协会律师业务推广行为规则（试行）》

《中华全国律师协会关于律师办理群体性案件指导意见》《关于做好律师办理黑恶势力犯罪案件、重大群体性敏感案件和会员重大情况等报备工作的通知》《律师出庭服装使用管理办法》《广东省律师网络言论行为规范》《广东省律师防止利益冲突规则》《广东省律师事务所及律师业务推广宣传规则》。

◆ 关于律师收费的相关规定

《律师服务收费管理办法》《司法部、国家发展和改革委员会、国家市场监督管理总局印发〈关于进一步规范律师服务收费的意见〉的通知》《广东省物价局、司法厅律师服务收费管理实施办法》等。

第三节　行业规范的主要内容

行业相关规范主要规制律师事务所、律师的执业行为，主要分为以下几类。

◆　职业道德

为师，当有师德；为医，当有医德；为律师，当有律师之德。无德不成行业，无德难以长存。

律师应树立“忠诚、为民、法治、正义、诚信、敬业”的执业理念，坚定中国特色社会主义理想信念、牢记服务为民、忠于宪法和法律、维护社会公平正义、恪守诚实信用、爱岗敬业。

律师应当忠于宪法和法律，坚持以事实为根据，以法律为准绳，严格依法执业。律师应当忠于职守，坚持原则，维护法律尊严与社会正义。律师应当诚实守信，勤勉尽责，维护委托人的合法利益。律师应当敬业勤业，努力钻研业务，掌握执业所应具备的法律知识和服务技能，不断提高执业水平。律师应当珍视和维护职业声誉，模范遵守社会公德，注重陶冶品行和提升职业道德修养。律师应当严守国家机密，保守委托人的商业秘密及个人隐私。律师应当尊重同行，同业互助，公平竞争，共同提高执业水平。律师应当自觉履行法律援助义务，为受援人提供法律帮助。律师应当遵守律师协会章程，切实履行会员义务。律师应当积极参加社会公益活动……

这些都是法律职业道德的应有之义，其中有很多属于基本的道德义务，也有一些是法律行业的职业道德。律师要坚守这些良好的职业道德，努力做到德业双修。

◆ 律师执业基本行为规范

律师应当忠于宪法和法律，恪守律师职业道德和执业纪律，不得利用律师身份或以律师事务所的名义炒作个案，攻击社会主义制度，从事危害国家安全的活动；不得利用律师身份煽动、教唆、组织有关利益群体，干扰、破坏正常社会秩序；不得利用律师身份教唆或指使当事人串供、伪造证据，干扰正常司法活动。律师应当诚实守信、勤勉尽责，依据法律和事实，维护当事人合法权益，维护法律正确实施，维护社会公平正义。律师应当注重职业修养，自觉维护律师行业声誉。律师应当保守在执业活动中知悉的国家秘密、商业秘密，不得泄露当事人的隐私。律师对在执业活动中知悉的委托人和其他人不愿泄露的情况和信息应当予以保密。但是，委托人或者其他人准备或者正在实施的危害国家安全、公共安全以及其他严重危害他人人身、财产安全的犯罪事实和信息除外。律师在执业期间不得以非律师身份从事法律服务。律师只能在一个律师事务所执业，不得在受到停止执业处罚期间继续执业，或者在律师事务所被停业整顿期间或注销后继续以事务所的名义执业。律师不得在同一案件中同时担任双方当事人的代理人，不得代理与本人或者近亲属有利益冲突的法律事务。律师担任各级人民代表大会常务委员会组成人员的，任职期间不得从事诉讼代理或者辩护业务。

律师不得做出以下行为：（一）产生不良社会影响，有损律师行业声誉的行为；（二）妨碍国家司法、行政机关依法行使职权的行为；（三）加入法律所禁止的机构、组织或者社会团体的行为；（四）其他违反法律、法规、律师协会行业规范及职业道德的行为；（五）其他违反社会公德，严重损害律师职业形象的行为。

简而言之，要言谈举止尽显律师风范，共同维护良好的律师职业形象，切莫以律师之专业为不法之行为，勿为失德之举。

第四节　具体行为规范

《律师执业行为规范（试行）》中对律师行为作了具体规定，这是律师必须熟悉的规范，其主要内容如下所述。

◆ 业务推广行为规范

律师和律师事务所推广律师业务，应当遵守平等、诚信的原则，遵守律师职业道德和执业纪律，遵守律师行业公认的行业准则，公平竞争。律师和律师事务所在业务推广中不得进行不正当竞争，律师发布广告应当遵守国家法律法规、规章制度和相关规范，不得以有悖律师使命、有损律师形象的方式制作广告，不得采用一般商业广告的艺术夸张手段制作广告，不得歪曲事实和法律，不得进行可能使公众对律师产生不合理期望的宣传，不得自我声明或者暗示自己被公认或者证明为某一专业领域的权威或专家，律师之间或者律师事务所之间不得进行比较宣传。

◆ 律师与委托人或当事人的关系规范

主要包括由律师事务所与委托人签署委托协议，维护委托人或者当事人的合法权益，律师应当严格按照法律规定的期间、时效以及与委托人约定的时间办理委托事项。对委托人了解委托事项办理情况的要求，应当及时给予答复，应当在委托人委托的权限内开展执业活动，不得超越委托权限。律师接受委托后，无正当理由不得拒绝辩护或者代理，或以其他方式终止委托，但委托事项违法的除外。禁止虚假承诺，禁止非法牟取利益，禁止代理利益冲突案件，等等。

◆ 参与诉讼或仲裁规范

主要包括不得提交明知是虚假的证据，不得同时担任证人及代理人，遵守法庭、仲裁庭纪律，遵守出庭时间、举证时限、提交法律文书期限及其他程序性规定，尊重法庭、仲裁庭，规范接触司法人员，注重庭审仪表和语态，应当按照规定穿着律师出庭服装，佩戴律师出庭徽章，注重律师职业形象，在法庭或仲裁庭发言时应当举止庄重、大方，用词文明、得体，等等。

◆ 律师与其他律师的关系规范

主要包括相互尊重、相互帮助，不得使用挖苦、讽刺或者侮辱性的语言，不得发表恶意贬低、诋毁、损害同行声誉的言论，禁止不正当竞争，等等。

◆ 律师与所任职的律师事务所的关系规范

律师事务所对律师在执业活动中遵守职业道德、执业纪律的情况进行监督，律师及律师事务所必须依法纳税，律师事务所不得从事法律服务以外的经营活动。由律师事务所统一接受委托，与委托人签订书面委托合同，按照国家规定及相关标准统一收取费用，等等。

◆ 律师与律师协会的关系规范

主要包括律师和律师事务所享有律师协会章程规定的权利，承担律师协会章程规定的义务，律师应当参加、完成律师协会组织的律师业务学习及考核，等等。

◆ 收费规范

主要包括律师收费的规范，律师费用的收取应当合理。律师事务所和律师应当根据国家行政管理部门、律师协会的相关规定合理收费。

第五节　违反管理规范的责任

◆ 行政责任

律师违反职业道德、职业规范，应承担行政责任，主要是警告、罚款、没收违法所得、停止执业、吊销律师执业证书。

◆ 民事责任

律师违反职业规范，造成损失的，承担赔偿责任。

◆ 刑事责任

律师违反职业规范，应追究刑事责任的，依法承担刑事责任；构成犯罪的，吊销律师执业证书等。

◆ 行业处分

中华全国律师协会关于印发《律师协会会员违规行为处分规则（试行）》的通知第十五条“律师协会对会员的违规行为实施纪律处分的种类有：（一）训诫；（二）警告；（三）通报批评；（四）公开谴责；（五）中止会员权利一个月以上一年以下；（六）取消会员资格。”律师协会决定给予警告及以上处分的，可以同时责令违规会员接受专门培训或者限期整改。

◆ 处分依据

主要是《中华人民共和国律师法》《律师执业行为规范》《律师职业道德和执业纪律规范》，以及一些地方性、行业性的管理规定，比如《广东省律师协会会员违规行为处分实施细则》第六条“会员在执业或在处理与行使律师职能有关的事务的过程中，有以下行为之一的，视情节轻重予以处分：（一）违反《中华人民共和国律师法》和其他法律法规、规章的；（二）违反司法行政部门管理规定的；（三）违反《律师执业行为规范》的；（四）违反《律师职业道德和执业纪律规范》的；（五）违反《律师协会会员违规行为处分规则（试行）》的；（六）违反其他律师行业管理规定的；（七）拒不执行律师协会作出的决议、决定的；（八）严重违反社会公德或律师职业基本精神，损害律师职业形象和声誉的；（九）其他应受处分的违规行为。”

第六节　常见的违规情形

◆ 利益冲突行为

一、利益冲突的概念

利益冲突是指同一律师事务所代理的委托事项与该所其他委托事项的委托人之间有利益上的冲突，继续代理会直接影响到相关委托人利益的情形。

律师只能代理一方，维护一方的利益，如果已接受一方委托，就不能接受相对方的委托，不能为争议双方代理。《中华人民共和国律师法》（以下简称《律师法》）明确规定，律师不得在同一案件中为双方当事人担任代理人，不得代理与本人或者近亲属有利益冲突的法律事务，律师事务所应当建立健全利益冲突审查制度。律师、律师事务所收案第一条就是要进行利益冲突检索，若未严格按规进行利益冲突检索，日后要解除委托会产生纠纷。

律师执业过程中，承办业务前首先要审查是否存在利益冲突，有利益冲突的要主动回避，不可代理。进行利益冲突检索后确认不存在利益冲突的再接受委托，以免陷于麻烦，甚至被处罚。业务办理过程中一旦发现存在利益冲突，应按委托时间先后解除在后委托，并耐心向客户解释。

二、违反利益冲突的责任

根据《律师法》第四十七条“律师有下列行为之一的，由设区的市级或者直辖市的区人民政府司法行政部门给予警告，可以处五千元以下的罚款；有违法所得的，没收违法所得；情节严重的，给予停止执业三个月以下的处罚：……（三）在同一案件中为双方当事人担任代理人，或者代理与本人及其近亲属有利益冲突的法律事务的”的规定，代理利益冲突案件，可以处五千元以下的罚款；有违法所得的，没收违法所得；情节严重的，给予停止执业三个月以下的处罚。另外，律师协会还可以给予训诫、警告或者通报批评的纪律处分，情节严重的，给予公开谴责、中止会员权利三个月以下的纪律处分。

根据《律师法》第五十条之规定，律师事务所违反规定接受有利益冲突的案件的，视其情节给予警告、停业整顿一个月以上六个月以下的处罚，可以处十万元以下的罚款；有违法所得的，没收违法所得；情节特别严重的，由省、自治区、直辖市人民政府司法行政部门吊销律师事务所执业证书。

三、常见的利益冲突情形

第一类：直接利益冲突。具有以下利益冲突行为之一的，给予训诫、警告或者通报批评的纪律处分；情节严重的，给予公开谴责、中止会员权利三个月以下的纪律处分。

（一）律师在同一案件中为双方当事人担任代理人，或代理与本人或者其近亲属有利益冲突的法律事务的；

（二）律师办理诉讼或者非诉讼业务，其近亲属是对方当事人的法定代表人或者代理人的；

（三）曾经亲自处理或者审理过某一事项或者案件的行政机关工作人员、审判人员、检察人员、仲裁员，成为律师后又办理该事项或者案件的；

（四）同一律师事务所的不同律师同时担任同一刑事案件的被害人的代理人和犯罪嫌疑人、被告人的辩护人，但在该县区域内只有一家律师事务所且事先征得当事人同意的除外；

（五）在民事诉讼、行政诉讼、仲裁案件中，同一律师事务所的不同律师同时担任争议双方当事人的代理人，或者本所或其工作人员为一方当事人，本所其他律师担任对方当事人的代理人的；

（六）在非诉讼业务中，除各方当事人共同委托外，同一律师事务所的律师同时担任彼此有利害关系的各方当事人的代理人的；

（七）在委托关系终止后，同一律师事务所或同一律师在同一案件后续审理或者处理中又接受对方当事人委托的；

（八）担任法律顾问期间，为顾问单位的对方当事人或者有利益冲突的当事人代理、辩护的；

（九）曾经担任法官、检察官的律师从人民法院、人民检察院离任后，二年内以律师身份担任诉讼代理人或者辩护人的；

（十）担任所在律师事务所其他律师任仲裁员的仲裁案件代理人的；

（十一）其他依据律师执业经验和行业常识能够判断为应当主动回避且不得办理的利益冲突情形。

第二类：未征得豁免的利益冲突。未征得各方委托人的同意而从事以下代理行为之一的，给予训诫、警告或者通报批评的纪律处分。

（一）接受民事诉讼、仲裁案件一方当事人的委托，而同所的其他律师是该案件中对方当事人的近亲属的；

（二）担任刑事案件犯罪嫌疑人、被告人的辩护人，而同所的其他律师是该案件被害人的近亲属的；

（三）同一律师事务所接受正在代理的诉讼案件或者非诉讼业务当事人的对方当事人所委托的其他法律业务的；

（四）律师事务所与委托人存在法律服务关系，在某一诉讼或仲裁案件中该委托人未要求该律师事务所律师担任其代理人，而该律师事务所律师担任该委托人对方当事人的代理人的；

（五）在委托关系终止后一年内，律师又就同一法律事务接受与原委托人有利害关系的对方当事人的委托的；

（六）其他与本条第（一）至第（五）项情况相似，且依据律师执业经验和行业常识能够判断的其他情形。

◆ 代理不尽责行为

一、代理不尽责行为的概念

代理不尽责行为是指代理失职，以及利用代理之便谋取不当利益的行为。律师必须诚实守信，勤勉尽责，依照事实和法律，维护委托人的合法利益。

维护委托人的合法权益是律师的法定义务。基于该规定，律师应在受委托的权限范围内尽职尽责，利用自己的专业知识，维护委托人的合法权益，禁止实施损害当事人合法权益的行为。代理不尽责，包括责任心不强，比如开庭迟到、不按时按规续封、忘记缴纳诉讼费等，还包括谋取非法利益。

二、代理不尽责行为的责任

律师有代理不尽责行为的，依法依规承担相应责任。根据《律师法》第四十八条“律师有下列行为之一的，由设区的市级或者直辖市的区人民政府司法行政部门给予警告，可以处一万元以下的罚款；有违法所得的，没收违法所得；情节严重的，给予停止执业三个月以上六个月以下的处罚：……（二）接受委托后，无正当理由，拒绝辩护或者代理，不按时出庭参加诉讼或者仲裁的；（三）利用提供法律服务的便利牟取当事人争议的权益的”；根据《律师法》第四十九条“律师有下列行为之一的，由设区的市级或者直辖市的区人民政府司法行政部门给予停止执业六个月以上一年以下的处罚，可以处五万元以下的罚款；有违法所得的，没收违法所得；情节严重的，由省、自治区、直辖市人民政府司法行政部门吊销其律师执业证书；构成犯罪的，依法追究刑事责任：……（五）接受对方当事人财物或者其他利益，与对方当事人或者第三人恶意串通，侵害委托人权益的”。另外，根据律师协会的规定给予训诫、警告或者通报批评的纪律处分；情节严重的，给予公开谴责、中止会员权利三个月以上一年以下或者取消会员资格的纪律处分。

三、常见的代理不尽责的情形

第一类：失职行为。提供法律服务不尽责，具有以下情形之一的，给予训诫、警告或者通报批评的纪律处分；情节严重的，给予公开谴责、中止会员权利三个月以上一年以下或者取消会员资格的纪律处分。

（一）超越委托权限，从事代理活动的；

（二）接受委托后，无正当理由，不向委托人提供约定的法律服务的，拒绝辩护或者代理的，包括：不及时调查了解案情，不及时收集、申请保全证据材料，或者无故延误参与诉讼、申请执行，逾期行使撤销权、异议权等权利，或者逾期申请办理批准、登记、变更、披露、备案、公告等手续，给委托人造成损失的；

（三）无正当理由拒绝接受律师事务所或者法律援助机构指派的法律援助案件的，或者接受指派后，拖延、懈怠履行或者擅自停止履行法律援助职责的，或者接受指派后，未经律师事务所或者法律援助机构同意，擅自将法律援助案件转交其他人员办理的；

（四）因过错导致出具的法律意见书存在重大遗漏或者错误，给当事人或者第三人造成重大损失的，或者对社会公共利益造成危害的。

第二类：失德行为。利用提供法律服务的便利，具有以下情形之一的，给予训诫、警告或者通报批评的纪律处分；情节严重的，给予公开谴责、中止会员权利三个月以上一年以下或者取消会员资格的纪律处分。

（一）利用提供法律服务的便利牟取当事人利益，或者接受委托后，故意损害委托人利益的；

（二）接受对方当事人的财物及其他利益，与对方当事人、第三人恶意串通，向对方当事人、第三人提供不利于委托人的信息、证据材料，侵害委托人的权益的；

（三）为阻挠当事人解除委托关系，威胁、恐吓当事人或者扣留当事人提供的材料的。

◆ 泄露秘密或者隐私的行为

一、概述

保守秘密是律师的基本职业道德以及法定义务。根据《律师法》的规定，律师应当保守在执业活动中知悉的国家秘密、商业秘密，不得泄露当事人的隐私。律师对在执业活动中知悉的委托人和其他人不愿泄露的有关情况和信息，应当予以保密。这种保密义务是一种职业道德，也是一种法律职责、法定义务。律师不可在公开场合谈论委托事务。

可以不保密的情形，仅限于特定情形，即委托人或者其他人准备或者正在实施危害国家安全、公共安全以及严重危害他人人身安全的犯罪事实和信息。

执业律师尤其要注意的是，刑事卷宗属于国家秘密，不可以将刑事案件的卷宗材料复印提供给委托人，否则可能涉嫌犯罪。

二、泄露秘密或者隐私的行为的责任

1. 泄露商业秘密或者个人隐私的责任

律师有泄露商业秘密或者个人隐私的行为的，根据《律师法》第四十八条“律师有下列行为之一的，由设区的市级或者直辖市的区人民政府司法行政部门给予警告，可以处一万元以下的罚款；有违法所得的，没收违法所得；情节严重的，给予停止执业三个月以上六个月以下的处罚：……（四）泄露商业秘密或者个人隐私的”的规定处罚。

2. 泄露国家秘密的责任

律师有泄露国家秘密的行为的，根据《律师法》第四十九条“律师有下列行为之一的，由设区的市级或者直辖市的区人民政府司法行政部门给予停止执业六个月以上一年以下的处罚，可以处五万元以下的罚款；有违法所得的，没收违法所得；情节严重的，由省、自治区、直辖市人民政府司法行政部门吊销其律师执业证书；构成犯罪的，依法追究刑事责任：……（九）泄露国家秘密的”的规定处罚。

3. 行业处分

律师协会对于泄露秘密或者隐私的行为可以给予警告、通报批评或者公开谴责的纪律处分；情节严重的，给予中止会员权利三个月以上六个月以下的纪律处分。

尤其要注意的是，部分定义为国家秘密的档案，比如刑事档案，不可以公开给当事人，否则会被追究刑事责任。

三、泄露秘密或者隐私的行为的情形

泄露当事人的商业秘密或者个人隐私的，给予警告、通报批评或者公开谴责的纪律处分；情节严重的，给予中止会员权利三个月以上六个月以下的纪律处分。

违反规定披露、散布不公开审理案件的信息、材料，或者本人、其他律师在办案过程中获悉的有关案件重要信息、证据材料的，给予通报批评、公开谴责或者中止会员权利六个月以上一年以下的纪律处分；情节严重的，给予取消会员资格的纪律处分。

泄露国家秘密的，给予公开谴责、中止会员权利六个月以上一年以下的纪律处分；情节严重的，给予取消会员资格的纪律处分。

◆ 违规收案、收费的行为

一、概述

《律师法》规定，律师承办业务，由律师事务所统一接受委托，与委托人签订书面委托合同，按照国家规定统一收取费用并如实入账。律师不可以私下签署委托代理合同，私下收费。

二、违规收案、收费的行为责任

1. 律师违规收案、收费的行为责任

根据《律师法》第四十八条“律师有下列行为之一的，由设区的市级或者直辖市的区人民政府司法行政部门给予警告，可以处一万元以下的罚款；有违法所得的，没收违法所得；情节严重的，给予停止执业三个月以上六个月以下的处罚：（一）私自接受委托、收取费用，接受委托人财物或者其他利益的”的规定处罚。

2. 律师事务所违规收案、收费的行为责任

根据《律师法》第五十条“律师事务所有下列行为之一的，由设区的市级或者直辖市的区人民政府司法行政部门视其情节给予警告、停业整顿一个月以上六个月以下的处罚，可以处十万元以下的罚款；有违法所得的，没收违法所得；情节特别严重的，由省、自治区、直辖市人民政府司法行政部门吊销律师事务所执业证书：（一）违反规定接受委托、收取费用的”规定处罚。

3. 行业处分

违规收案、收费的，给予训诫、警告或者通报批评的纪律处分；情节严重的，给予公开谴责、中止会员权利一个月以上一年以下或者取消会员资格的纪律处分。

三、常见情形

（一）不按规定与委托人签订书面委托合同的。

（二）不按规定统一接受委托、签订书面委托合同和收费合同，统一收取委托人支付的各项费用的，或者不按规定统一保管、使用律师服务专用文书、财务票据、业务档案的。

（三）私自接受委托，私自向委托人收取费用，或者收取

规定、约定之外的费用或者财物的；违反律师服务收费管理规定或者收费协议约定，擅自提高收费的。

（四）执业期间以非律师身份从事有偿法律服务的。

（五）不向委托人开具律师服务收费合法票据，或者不向委托人提交办案费用开支有效凭证的。

（六）在实行政府指导价的业务领域违反规定标准收取费用，或者违反风险代理管理规定收取费用的。

（七）假借法官、检察官、仲裁员以及其他工作人员的名义或者以联络、酬谢法官、检察官、仲裁员以及其他工作人员为由，向当事人索取财物或者其他利益的。

◆ 不正当竞争行为

一、概述

律师执业不正当竞争行为是指律师和律师事务所为了推广律师业务，违反自愿、平等、诚信原则和律师执业行为规范，违反法律服务市场及律师行业公认的行业准则，采用不正当手段与同行进行业务竞争，损害其他律师及律师事务所合法权益的行为。律师事务所和律师不得以诋毁其他律师事务所、律师或者支付介绍费等不正当手段承揽业务。

二、不正当竞争行为的责任

律师不正当竞争行为，根据《律师法》第四十七条“律师有下列行为之一的，由设区的市级或者直辖市的区人民政府司法行政部门给予警告，可以处五千元以下的罚款；有违法所得的，没收违法所得；情节严重的，给予停止执业三个月以下的处罚：……（二）以不正当手段承揽业务的”的规定处罚。

律师事务所不正当竞争行为，根据《律师法》第五十条“律师事务所有下列行为之一的，由设区的市级或者直辖市的区人民政府司法行政部门视其情节给予警告、停业整顿一个月以上六个月以下的处罚，可以处十万元以下的罚款；有违法所得的，没收违法所得；情节特别严重的，由省、自治区、直辖市人民政府司法行政部门吊销律师事务所执业证书：……（四）以诋毁其他律师事务所、律师或者支付介绍费等不正当手段承揽业务的”的规定处罚。

针对不正当竞争行为，律师协会可以给予训诫、警告或者通报批评的纪律处分；情节严重的，给予公开谴责、中止会员权利一个月以上一年以下或者取消会员资格的纪律处分。

三、常见情形

（一）为争揽业务，向委托人作虚假承诺的；

（二）向当事人明示或者暗示与办案机关、政府部门及其工作人员有特殊关系的；

（三）利用媒体、广告或者其他方式进行不真实或者不适当宣传的；

（四）以支付介绍费等不正当手段争揽业务的；

（五）在事前和事后为承办案件的法官、检察官、仲裁员牟取物质的或非物质的利益，为了争揽案件事前和事后给予有关人员物质的或非物质利益的；

（六）在司法机关、监管场所周边违规设立办公场所、散发广告、举牌等不正当手段争揽业务的；

（七）捏造、散布虚假事实，损害、诋毁其他律师、律师事务所声誉的；

（八）哄骗、唆使当事人提起诉讼，制造、扩大矛盾，影响社会稳定的；

（九）利用与司法机关、行政机关或其他具有社会管理职能组织的关系，进行不正当竞争的。

此外还包括故意诋毁、诽谤其他律师或律师事务所信誉、声誉，无正当理由，以在同行业收费水平以下收费为条件吸引客户，故意在委托人与其代理律师之间制造纠纷，串通抬高或者压低收费，等等。

◆ 妨碍司法公正的行为

一、概述

律师依法应当维护法律正确实施，不得与司法人员进行不正当交往或者向其输送利益，不得实施向法官、检察官、仲裁员以及其他有关工作人员行贿，介绍贿赂或者指使、诱导当事人行贿等妨碍司法公正的行为。

二、妨碍司法公正的责任

律师实施妨碍司法公正的行为，根据《律师法》第四十九条“律师有下列行为之一的，由设区的市级或者直辖市的区人民政府司法行政部门给予停止执业六个月以上一年以下的处罚，可以处五万元以下的罚款；有违法所得的，没收违法所得；情节严重的，由省、自治区、直辖市人民政府司法行政部门吊销其律师执业证书；构成犯罪的，依法追究刑事责任：（一）违反规定会见法官、检察官、仲裁员以及其他有关工作人员，或者以其他不正当方式影响依法办理案件的；（二）向法官、检察官、仲裁员以及其他有关工作人员行贿，介绍贿赂或者指使、诱导当事人行贿的”的规定处罚。

律师协会可根据情况，给予中止会员权利六个月以上一年以下的纪律处分；情节严重的，给予取消会员资格的纪律处分。

三、常见情形

承办案件期间，为了不正当目的，在非工作期间、非工作场所，会见承办法官、检察官、仲裁员或者其他有关工作人员，或者违反规定单方面会见法官、检察官、仲裁员的，给予中止会员权利六个月以上一年以下的纪律处分；情节严重的，给予取消会员资格的纪律处分。

利用与法官、检察官、仲裁员以及其他有关工作人员的特殊关系，打探办案机关内部对案件的办理意见，承办其介绍的案件，影响依法办理案件的，给予中止会员权利六个月以上一年以下的纪律处分；情节严重的，给予取消会员资格的纪律处分。

向法官、检察官、仲裁员及其他有关工作人员行贿，许诺提供利益、介绍贿赂或者指使、诱导当事人行贿的，给予中止会员权利六个月以上一年以下的纪律处分；情节严重的，给予取消会员资格的纪律处分。

◆ 以不正当方式影响依法办理案件的行为

一、概述

律师在执业活动中不得以不正当方式影响法官、检察官、仲裁员以及其他有关工作人员依法办理案件。

二、法律责任及行业处分

律师实施以不正当方式影响依法办理案件的行为的，根据《律师法》第四十九条“律师有下列行为之一的，由设区的市级或者直辖市的区人民政府司法行政部门给予停止执业六个月以上一年以下的处罚，可以处五万元以下的罚款；有违法所得的，没收违法所得；情节严重的，由省、自治区、直辖市人民政府司法行政部门吊销其律师执业证书；构成犯罪的，依法追究刑事责任：（一）……或者以其他不正当方式影响依法办理案件的；……（六）扰乱法庭、仲裁庭秩序，干扰诉讼、仲裁活动的正常进行的；（七）煽动、教唆当事人采取扰乱公共秩序、危害公共安全等非法手段解决争议的；（八）发表危害国家安全、恶意诽谤他人、严重扰乱法庭秩序的言论的”的规定处罚。

律师协会根据情况给予中止会员权利六个月以上一年以下的纪律处分；情节严重的，给予取消会员资格的纪律处分。

三、常见情形

第一类：影响司法机关办案。影响司法机关依法办理案件，具有以下情形之一的，给予中止会员权利六个月以上一年以下的纪律处分；情节严重的，给予取消会员资格的纪律处分。

（一）未经当事人委托或者法律援助机构指派，以律师名义为当事人提供法律服务、介入案件，干扰依法办理案件的；

（二）对本人或者其他律师正在办理的案件进行歪曲、有误导性的宣传和评论，恶意炒作案件的；

（三）以串联组团、联署签名、发表公开信、组织网上聚集、声援等方式或者借个案研讨之名，制造舆论压力，攻击、诋毁司法机关和司法制度的；

（四）煽动、教唆和组织当事人或者其他人员到司法机关或者其他国家机关静坐、举牌、拉横幅、喊口号、声援、围观等扰乱公共秩序、危害公共安全的非法手段，聚众滋事，制造影响，向有关机关施加压力的；

（五）发表、散布否定宪法确立的根本政治制度、基本原则和危害国家安全的言论，利用网络、媒体挑动对党和政府的不满，发起、参与危害国家安全的组织；或者支持、参与、实施危害国家安全的活动的；

（六）以歪曲事实真相、明显违背社会公序良俗等方式，发表恶意诽谤他人的言论，或者发表严重扰乱法庭秩序的言论的。

第二类：不遵守办案纪律。不遵守法庭、仲裁庭纪律和监管场所规定、行政处理规则，具有以下情形之一的，给予中止会员权利六个月以上一年以下的纪律处分；情节严重的，给予取消会员资格的纪律处分。

（一）会见在押犯罪嫌疑人、被告人时，违反有关规定，携带犯罪嫌疑人、被告人的近亲属或者其他利害关系人会见，将通信工具提供给在押犯罪嫌疑人、被告人使用，或者传递物品、文件的；

（二）无正当理由，拒不按照人民法院通知出庭参与诉讼，或者违反法庭规则，擅自退庭的；

（三）聚众哄闹、冲击法庭，侮辱、诽谤、威胁、殴打司法工作人员或者诉讼参与人，否定国家认定的邪教组织的性质，或者有其他严重扰乱法庭秩序的行为的。

第三类：提供妨碍作证。故意向司法机关、仲裁机构或者行政机关提供虚假证据或者威胁、利诱他人提供虚假证据，妨碍对方当事人合法取得证据的，给予中止会员权利六个月以上一年以下的纪律处分；情节严重的，给予取消会员资格的纪律处分。

◆ 违反司法行政管理或者行业管理的行为

一、概述

司法行政部门依法对律师、律师事务所和律师协会进行监督、指导，律师、律师事务所依法应接受司法行政部门的监督、管理。

二、责任

律师、律师事务所向司法行政部门提供虚假材料或者有其他弄虚作假行为的，根据《律师法》第四十九条、第五十条的规定处罚。

律师事务所对本所律师疏于管理，造成严重后果的，根据《律师法》第五十条的规定处罚。

律师同时在两个及以上律师事务所执业的，根据《律师法》第四十七条“律师有下列行为之一的，由设区的市级或者直辖市的区人民政府司法行政部门给予警告，可以处五千元以下的罚款；有违法所得的，没收违法所得；情节严重的，给予停止执业三个月以下的处罚：（一）同时在两个及以上律师事务所执业的”的规定处罚。

三、常见情形

同时在两个及以上律师事务所执业的或同时在律师事务所和其他法律服务机构执业的，给予警告、通报批评或者公开谴责的纪律处分；情节严重的，给予中止会员权利一个月以上三个月以下的纪律处分。

律师不服从司法行政管理或者行业管理，具有以下情形之一的，给予中止会员权利六个月以上一年以下的纪律处分；情节严重的，给予取消会员资格的纪律处分：（一）向司法行政机关或者律师协会提供虚假材料、隐瞒重要事实或者有其他弄虚作假行为的；（二）在受到停止执业处罚期间，或者在律师事务所被停业整顿、注销后继续执业的；（三）因违纪行为受到行业处分后在规定的期限内拒不改正的。

律师事务所疏于管理，具有下列情形之一的，给予警告、通报批评或者公开谴责的纪律处分；情节严重的，给予中止会员权利一个月以上六个月以下的纪律处分；情节特别严重的，给予取消会员资格的纪律处分：（一）不按规定建立健全执业管理和其他各项内部管理制度，规范本所律师执业行为，履行监管职责，对本所律师遵守法律、法规、规章及行业规范，遵守职业道德和执业纪律的情况不予监督，发现问题未及时纠正的；（二）聘用律师或者其他工作人员，不按规定与应聘者签订聘用合同，不为其办理社会统筹保险的；（三）不依法纳税的；（四）受到停业整顿处罚后拒不改正，或者在停业整顿期间继续执业的；（五）允许或者默许受到停止执业处罚的本所律师继续执业的；（六）未经批准，擅自在住所以外的地方设立办公点、接待室，或者擅自设立分支机构的；（七）恶意逃避律师事务所及其分支机构债务的；（八）律师事务所无正当理由拒绝接受法律援助机构指派的法律援助案件，或者接受指派后，不按规定及时安排本所律师承办法律援助案件或者拒绝为法律援助案件的办理提供条件和便利的；（九）允许或者默许本所律师为承办案件的法官、检察官、仲裁员牟取物质的或非物质的利益的，允许或者默许给予有关人员物质的或非物质利益的。

律师事务所具有下列情形之一的，给予警告、通报批评或者公开谴责的纪律处分；情节严重的，给予中止会员权利一个月以上六个月以下的纪律处分；情节特别严重的，给予取消会员资格的纪律处分：（一）使用未经核定的律师事务所名称从事活动，或者擅自改变、出借律师事务所名称的；（二）变更名称、章程、负责人、合伙人、住所、合伙人协议等事项，未在规定的时间内办理变更登记的；（三）采取不正当手段阻挠合伙人、合作人、律师退所的；（四）将不符合规定条件的人员发展为合伙人或者推选为律师事务所负责人的；（五）以独资、与他人合资或者委托持股方式兴办企业，并委派律师担任企业法定代表人、总经理职务，或者从事与法律服务无关的中介服务和其他经营性活动的；（六）采用出具或者提供律师事务所介绍信、律师服务专用文书、收费票据等方式，为尚未取得律师执业证书的人员或者其他律师事务所的律师违法执业提供便利的；（七）为未取得律师执业证的人员印制律师名片、标志或者出具其他有关律师身份证明，或者已知本所人员有上述行为而不制止的。

◆ 其他应处分的违规行为

“其他违规行为”是兜底性管理规定，有其他违反法律法规、规章和行业规范的行为，依据本规则给予相应的纪律处分。律师事务所放任、怂恿或者指使律师从事违法违规行为的，与违法违规律师一并予以相应的处分。

第三章

办案思维

第一节　概述

是否具有良好的办案思维决定了我们能不能正确地认识问题，能不能找到解决问题的最佳思路。良好的办案思维实质上就是处理案件时学以致用，找到好的解决思路，是一项重要的能力，也是我们最有价值的实力。思维模式不同，处理问题的方式也不一样，结果可能也会有所不同，当然花费的时间、成本也不同。

思维能力是一种底层逻辑能力，是一种思考、分析问题的能力。思维能力并非与生俱来的，不同的人思考问题的方式可能会有所不同，思维的深度、宽度、广度、层次、价值取向、全面性、严密性等方面也会有所差别。思考分析的结果，决定了最终的选择、决定，指导我们的行动，所以找到正确、适当的方法至关重要，我们要进行深入的思考、分析，要开动脑筋去探索，只有肯动脑筋，才能找到解决办法。

好的方法可以解决问题，甚至可以事半功倍地解决问题；而方法不对，则可能背道而驰。我们在工作中要发挥聪明才智，注意思考问题的方式，努力找出最合适的做法、思路，寻求创造性的方法、路径。

大多数情况下，大家的思维方式都是一致的，个别案件会有细微的差别，而这种细微的差别可能会带来巨大的差别，能不能找到这种有重要影响的细微差别，要看我们是否眼光独到，是否有与众不同的思考方式。

第二节　解决问题的思维

◆ 我们的目标是解决问题

解决问题是律师的工作目标，律师要有解决问题的思维，不断探索、寻找解决问题的方式方法。

◆ 明确是什么问题

我们要及时分析、归纳案件情况，了解客户的目的，找出案件的焦点，搞明白具体是什么问题，之后再去思考解决方案。

◆ 提出针对性、可落地的方案

对于遇到的问题，我们要提出有针对性的解决方案，尤其注意要提出可落地的解决方案，不能只提出模棱两可、不切实际、缺乏实际效用的方案。

◆ 寻找解决问题的最佳办法

弄清事实，明确问题后，要积极思考，寻找最适宜的解决办法。比如，我们曾遇到一个房产确权的案件，当事人申请办理房产证，我们只需提出异议登记即可达到目的，不必大费周章地提起诉讼。

第三节　不轻言放弃

◆ 不要轻易下结论

无路可走的想法只会断了继续往前走的信心，这是思维的惯性。不要因为一时找不到答案，就认为没有解决办法，就“认命”了，怀着这种想法，只能止步于困局，很难找到解决办法。不放弃思考，不轻易下结论，才有机会找到解决方案。

◆ 不要放弃寻找更优的解决办法

当我们找到一种解决方案后，不要自我满足，还可以继续思考，要有追求更好的解决方案的想法，这样才能找到更好的解决办法。

◆ 不要因为被拒绝、否定就放弃

很多时候，我们会遭到办案人员的拒绝、否定，但是被拒绝后不能放弃，要围绕目的找出理据，要敢于据理力争，思考如何让办案人员接受我们的观点。不要放弃去争取，也许最后的结果不会改变，但是只有多思考，多求证，才有可能解决问题。

第四节 穷尽所能的思维

作为一名法律人，我们要有这种认知：解决问题是不容易的，但是我们的本职就是解决问题，必须穷尽所能去探寻解决问题的办法。尤其是在苦苦思考却没有解决办法的情况下，我们更要思考，换一种思路，寻找更好的办法。穷尽所能，才能有所收获。“山重水复疑无路，柳暗花明又一村”，看似无路可走，只要肯思考，就有可能找到可以走下去的路，只是可能要花一番心思。

举一个简单的例子，在一个案件中，书记员告知我们被告的准备公告无法送达。这时我们要怎么处理？直接接受，还是另寻他法？公告会拖时间，我们有没有其他办法呢？可不可以争取让人民法院留置送达？可不可以让客户提供更多的联系方式？或者我们自己去联系被告，劝说被告接收材料？能不能让被告通过网上送达的方式接收材料？这个被告不收材料，能不能联系其他被告？律师沟通不成功，能否让客户去沟通一下？合同里面有没有约定送达地址的条款？……

又如，工伤案件中，当事人没有社保，用人单位无力负担，执行终本，无法索赔，是否可以尝试根据《中华人民共和国社会保险法》的规定直接申请工伤保险基金先行垫付?

总之，遇到问题，要开动脑筋，发散思维，思考所有可能解决问题的方案，不轻言放弃。即使被拒绝，也要想一想有没有其他补救的办法。

第五节　底线思维

作为法律人，我们要坚持法律底线，不越雷池，拒绝诱惑，不被任何人影响。无论当事人如何要求，给出多大的诱惑，无论关系人情多深，底线都是不可动摇的。如果踩红线，后果就不堪设想。

底线是我们的良心，是我们的根，没了底线，根会坏，所做的努力也会成为毒树之果。

这里所说的底线包括法律底线、道德底线，是我们为人处世要坚守的最基本的准则，不可恃法而骄，做出有悖于基本的人伦常理、公序良俗的行为，要时刻提醒自己抵制诱惑，控制欲望，不可将法律技能用于歪门邪道。

第六节　灵活解决问题的思维

法律业务中，解决问题的方式有很多种，不一定非要提起诉讼。实践中，针对不同的案件，可能会有不同的解决办法，应当大胆思考，敢于尝试，不要设限。

诉讼是一种不得已而最后选择的解决纠纷的办法，我们不应轻言诉讼。实践中，某些案件、某些人员，可能惧于诉讼，只需一个律师函就可解决纠纷，这时起诉就大可不必。某些可以先行调解的案件，也没有必要起诉。当然，该起诉的案件、该申请财产保全的案件，要第一时间起诉、申请，切不可错过最佳时机。有时候，诉讼不是主要目的，起诉后可以继续谈判调解，而不一定要一条道走到底。如果还有其他更好的解决办法，就不要放弃去尝试。不要被生硬的法律条条框框限制思维，要勤于思考其他解决问题的路径。

所有有利于解决问题的方法都是好方法，没有一成不变的事物，我们要保持灵活性、独立自主性、探索性，争取找到解决问题的最佳办法。

鉴于工作原因，我们接触的社会关系是比较复杂的，法律是我们的底线，但是眼睛不能只盯着法律，办理案件时，可能有很多重要因素需要考虑，要灵活化解问题，维护社会公平正义。

第四章

职业规划

做法律工作，有多种职业可能性，职业规划是一个值得重点思考的问题，同时也是一个比较复杂的问题，是整个律师行业从业人员都应思考的问题，需要结合自身情况、兴趣爱好去思考、探索。

◆ 职业规划必不可少

可以这样说，有什么样的规划，就有什么样的职业生涯。很多人压根不作规划，见步行步，殊不知，没有规划，可能过了很多年还是没有实质性进步，也不知道未来将会怎么样，从而陷入迷茫和自我怀疑，这是一种相对糟糕的状况，但也是困扰很多人的现状。

◆ 理解职业规划并不容易

影响职业规划的因素太多，制订职业规划不是一件容易的事，但是计划设想十分必要。这是一件并不容易的事情，所以就得花更多的时间去思考探索，不能因为遇到困难或者工作忙而放弃规划。年轻的时候可能认为职业规划不切实际，但是没有规划、没有梦想、没有任何想法更加可怕。

入行以后，才会真正体会到律师这个职业并没有想象的那么容易，有时高强度的工作，让我们忙得三餐不规律，甚至连上厕所都没有时间，可能一天要赶去好几个地方，经常到不同的城市出差。其实各行各业的人，都有外人想象不到的辛苦。多年以后回想起来这些经历，你也许会觉得挺有意思，但前提是你要坚持下去。在职业道路上，我们要始终保持自律、健康，这是事业长久之道。

◆ 执行的规划与修正的规划

没有完美的计划，只有不断修正、完善的计划，职业规划也是一样，实施一段时间后要不断总结，不断修正完善。一方面，职业规划要严格执行，不严格执行的职业规划可能是废纸一张，起不到任何效用；另一方面，职业规划要不断修正，经过实践检验，发现规划不适宜就要及时修正。

◆ 不作不切实际的职业规划

不要想着一天就能制订出一生的职业规划，这是不可能的事情。职业规划要切合实际，结合自身的实际情况，既要有所追求，又要脚踏实地，而在坚定执行之余，也不要忘了抬头仰望星空，不要忘记那个曾经雄心勃勃的自己。可能有时候会有迷茫、怀疑，这些都是正常的，不用急躁，感到迷茫的时候就多花一些时间充实自己，这些功夫是不会白费的。

◆ 坚持两个主义

在职业规划方面，人们有一个比较普遍的认识，就是没有人能够一蹴而就，没有人能够在短时间内就变得成熟、稳重、专业，所有人都需要经过一段时间的历练。我们在职业道路上要坚持两个主义，一个是专业主义，作为专业法律人士，要成为某个法律领域的专家，法律基础必须扎实，同时，要在该领域专门研究，坚持研究达到业内专业水平、领先水平；另一个是长期主义，成为某领域的专家，绝非一日之功，除了在该领域坚持研究，长期下苦功，没有其他途径。专业主义者务实且专注，可达到“操千曲而后晓声，观千剑而后识器”“一招鲜吃遍天”的技术水平。长期主义是能下滴水穿石之功，所谓“志不强者智不达”，我们要有决心、恒心，要坚持三年、五年、十年，要有坚韧不拔的精神。

有些知识只看一眼就能懂，有些知识要花上一些时间，有些知识则需要投入几年的研究才能掌握系统理论，还要花很长一段时间实践历练，才能习得技能。这个道理浅显易懂，但是知易行难，花一两天时间学习的人很多，花一两年时间研究的人少一些，花几年时间去坚持研究的人则更少。我们开始从事具体的法律事务后，很可能会诸事缠身，忙得不可开交，因而忽视了继续学习，忽视专业研究，难以长期坚持研究，忽视了长期发展，也不再花时间去自我成长，又或者只顾一些蝇头小利、眼前利益，或者借口太忙而放弃了专业主义和长期主义，等年龄稍有所长，就会追悔莫及。所以，坚持学习、研究是一件难能可贵的事情。

笔者经常跟人说，专注于一个领域，积十年之功，虽资质平庸，也可成为专家；而意志不坚定，未能坚持者，可能会为小聪明所累。

能不能只在某个领域进行研究，达到比较出众的水平呢？

当然没有问题，但是需要投入足够多的时间，而且需要长期坚持。

以前，师傅跟笔者说，“如果你没有有意识地、刻意地、专门在某一领域深入研究，三五年后，可能与现在的水平还是相差不大”。这一点是我们要警醒的。

第五章

基本技能

第一节 概述

律师是一个实践性很强的职业，法律工作者需要掌握的技能，不是三言两语能够说得清楚的。律师协会在律师培训工作中，编写了数本相关教材，法律人领取后可慢慢钻研。

律师的基本技能是分析法律问题的技能、表达技能，律师需要掌握系统的法律知识和符合司法实践的经验，才能准确地分析法律问题，并且提出实用的解决方案。

掌握律师基本技能可采用以下方法。

◆ 提升综合实力

律师应具备哪些技能呢？熟谙法律，能说会道，笔下生花，分析问题能力强，思维敏捷，逻辑严谨，能够运用法律解决实际问题……律师的技能是综合性的，而不是单方面的，应提升综合实力。

◆ 提升实操能力

经过多年的法律学习，律师已掌握了基础性的法律法规知识，但离灵活运用还有一段距离。应从最简单的接待咨询、立案、起草文书、审核合同等基础性工作开始，在实践中继续学习，点滴积累，逐渐掌握工作中所需要的实务知识，提升解决实际问题的能力。

◆ 掌握系统知识

处处留心皆学问，法律职业涉及面极广，律师从进入这个行业开始，就要有意识地，在每个相关领域进行专门的、系统的积累研究，要掌握系统性知识。比如与劳动相关的知识，可能很多人只是看过《中华人民共和国劳动法》《中华人民共和国劳动合同法》《中华人民共和国劳动争议仲裁调解法》，却连基本的工资、假期、地方性规定等都没有研究，知道零散的知识，但并没有形成知识体系。

◆ 用什么学什么

我们在工作中，遇到什么问题，就要用相应的技能，如果发现还没有掌握，就要有针对性地加以学习，有针对性地加强学习，做到“谙熟法律，灵活运用”，练就较强的综合实务能力，解决所接触的法律问题。不要过分焦虑，要脚踏实地，每个人在成长的路上都需要时间。

第二节　法律分析

法律分析是逻辑学的内容之一。这里说的法律分析是指解决法律问题的能力，是一个比较抽象的概念，需要在个案中才能具体陈述清楚，需要有足够的实践经验才能运用自如。不同案件可能有不同的特点，法律分析就是针对具体个案、具体问题进行具体分析。

◆ 明确法律分析的目的

法律分析具有一定的目的性，首先要搞明白以下问题：主要问题是什么？该案件的主要法律问题（法律关系）是什么？现有的证据情况怎么样？法律是怎么规定的？有哪些解决方案？法律风险如何，可否规避？拟作出的解决方案是否符合法律规定？怎样做才能维护好当事人最大的合法权益？法官可能怎么评判？……

◆ 吃透法律及法理

1. 检索相关规定

进行法律分析时，要把相关的法律法规，包括程序上的、实体上的规定及相关解释、地方性规定，精准检索出来。

2. 检索法理、修订背景

要了解与该部法律相关的法理知识、法律法规的修订背景、新闻发布等，尽可能准确把握法律条文的精神要义。

3. 系统梳理、研究

为了熟悉法律规定，要逐条审查，不放过这个领域的相关规定，将相关知识点系统梳理出来，将疑难点、争议点进行一番深入的研究。

◆ 明晰案件事实以及法律事实

案件事实、细节、证据是办案的基础。如果连基本的事实都没有搞清楚，任何处置都是乱开药方。要了解全部的案件事实细节，主动询问案件经过，梳理已有的证据，尤其是诉讼可能会涉及的事实细节以及相关的证据情况，理顺法律关系，预测案件存在的焦点问题、争议问题，分析证据是否充足，证据是否有矛盾，证据是否还要进一步补充完善，有无可能补充完善。

◆ 检索司法实践

我们所遇到的法律问题，在司法上是怎么处理的，有没有理论派别之争？要知道这个领域的相关司法实践理论，尤其是当地的司法实践情况，当地的司法实践适用的是哪一派理论，是否与其他地方的情形一样。如果不清楚当地司法实践，无异于闭门造车，在自由裁量权的一些领域，可能会跟预期结果大相径庭。

◆ 提出可落地方案

经过分析后，我们要提出法律上合规、可操作性强的方案，并且进一步研究、完善解决方案，寻求最佳的解决方案。一定要注重实用性，否则即便方案近乎完美，不适用于该案件，也只是无用之功。在这个过程中，我们要综合考虑各方面的因素，做到方案适用于该案件，能够应用于具体事务，解决实际问题，确保合规，依据充分，避免产生争议。

◆ 法律分析常用的方法

法律分析有很多方法，但是万变不离其宗，就是搞清楚案件事实、细节、证据，搞清楚法律、法理，把证据搞扎实。

我们要认识到这是一个需要花费时间、需要耐心的工作，比如，有一些案件单单了解情况就需要去几个部门调查相关资料，还有一些涉黑涉恶的案件，可能有数百份案卷卷宗，单单查阅卷宗可能就得花费一两个月，只有审阅完所有的材料，才能较全面地了解案件情况，有时还需要从头深入查阅案件的细节，可能在阅读两三次案卷之后才能找到头绪，没有足够的耐心是搞不清楚具体情况的。对于复杂的案件，需要花费大量时间，查阅许多资料，至于具体方法，就需要自己在实践中加以总结。

运用数学思维方式。分析法律问题，可以利用解数学题目的思维方式。数学思维是一种理科思维，有严密的逻辑分析，可以用数据反映结果。比如，我们解答一道数学题目，首先要了解情况，分析出来是什么问题，知道是什么问题之后，又要通过各种分析，使用各种方法推算、计算，找到问题的答案。我们遇到实际问题，也是这样一种分析思路。如果连问题都没有搞清楚，就可能走弯路。

系统研究法。在法律理论研究方面，每一个领域的理论知识都能形成一个小册子，可以将相关知识点网罗殆尽，按一定的顺序编排下来，从而全面掌握该领域的相关规定、知识。在这个基础之上，日后每当遇到修改时就相应地更新，每当遇到不懂的知识、新鲜有意思的案例，就编写进去，久而久之，这个小册子就会变成大册子，通过不断的坚持研究，经过长时间的积累，将该领域的知识编写成产品手册甚至书本，也并非难事。

摘录研究法。在法律事实归纳方面，对于证据繁多，涉及事实细节较多，发展周期长的案件，我们可以将主要内容分门别类地摘录下来，将全案的事实概括成十几页内容，让案件事实一目了然。这样做的好处是，既可以加深对材料的印象，又可以快速检索案件，方便汇报及与他人交流，尤其是对于可能会办一两年的案件，有了这个工作基础，就算过了很长时间，也可以在短时间内重新熟悉案件情况。

可视化表达。要将自己的分析成果、观点、意见表达出来，使读者能够快速了解主要内容。直观形象的表达方式是一种常用的表达方式。通过一些图表、流程图等可视化的工具表达，让人一目了然，以便于清晰地了解案件全貌。

通过看案例找灵感。有部分法律问题可能因规定不明、证据不足、司法实践不一等，出现多种法律关系，令人不知如何下手，我们可以通过看案例，看相关问题的研究性文章，来找到灵感。

◆ 要有综合性思考

法律分析还伴有一些比较高深的技术，比如一些解决问题的战略、战术问题。我们要发挥自己的主观能动性，灵活解决问题。例如一些问题表面上是法律问题，实质上是商业性问题，仅靠法律协议是无法解决的，需要进行一定的商业策划，比如，起诉状有时候没有必要写得太详细，无须将自己的所有观点都暴露出来；某些案件起诉前要先做一些铺排处理，之后再行起诉，比如破产重整、和解，没有一定的商业、财税人员参与是难以达成的，处理这类案件，需要与相关专业领域的人员合作。

◆ 谨防经验主义

经验主义容易带来定式思维，我们在实践中要注意规避。一方面是不知道法律法规已经更新，所以要注意经验的东西要检验是否还合时宜，不能过分自信，比如广州地区对于交通事故侵权案件中司机有无从业资格证、保险可否免赔的问题就属于这种情况；另一方面是地方性司法实践、不同人对问题的不同看法，会造成不确定性影响，所以要关注地方做法是否存在差异。

第三节　法律文书写作

法律文书写作是法律工作者的基本功。提高法律文书的写作能力，必须不断地学习、写作、多写、多总结。初入职场，新人可能不知道有些文书怎么写，或者写得很生硬，但慢慢锻炼之后会变得得心应手，经过反复实践，技能就会越来越熟练。

◆　熟悉常用文书类型

我们只有熟悉各类法律文书的类型、特点、基本格式、主要内容，才能在实践中应用自如。常见的法律文书包括以下几类。

起诉类。劳动仲裁申请书、民事起诉状、刑事附带民事起诉状、行政起诉状、刑事起诉书、各类上诉状、各类再审申请书。

答辩类。主要是针对起诉的答辩、质证、异议。

申请类。财产保全申请书、调查取证申请书、司法鉴定申请书、延期举证申请书、延期开庭申请书、证人出庭作证申请书、追加被告/第三人申请书、缓交诉讼费申请书、信息公开申请书、听证申请书、强制执行申请书、终结执行申请书、行政处理申请书。

发表意见类。质证意见、代理词、辩护词、异议意见。

非诉文书类。此类文书比较多，常见的是各类合同、备忘录、律师函、通知书、律师见证书、法律意见书、尽职调查报告、公司的章程、议事规则、各类规章管理制度等。

争议解决类。主要有和解协议、离婚协议、析产协议、退伙协议等。

特定事项类。主要有遗嘱、婚前协议、赠与合同、情况反映、情况说明、催促函等。

其他常用类。主要有案例检索报告、庭审汇报、会见报告、证据收集指引、补充收集证据通知书、风险告知书等。

以上各类文书是实践中常见的文书，要熟练掌握其类型、基本格式、内容、要求，并加以灵活运用，达到可以信手拈来、应用自如的水平。知道文书的类型是很重要的，否则你写文书时无从下笔，抬头、格式是什么也不知道。除了以上常见的文书，还有很多其他类型的文书，要在实践中加以归纳和学习。

◆ 法律文书的目的性

法律文书的格式没有固定的标准，不同人写的可能有不同的风格，但是万变不离其宗，都体现出两个基本特点，即目的性、专业性。法律文书是为了解决某一法律问题而起草的，具有很强的目的性、实用性。写法律文书之前首先要明确起草文书的目的，起草文书要解决何种法律问题，然后围绕着要解决的问题，在了解相关事实、证据、法律规定等内容后动笔。

◆ 法律文书的专业性

法律文书是专业性文书，最基本的内容是法律性分析，根据案件的事实、证据以及法律规定来分析问题、发表意见或者解决问题。起草法律文书，务必了解全部的案件事实、证据、法律规定、司法实践，这些是法律文书的基础内容，也是法律文书的质量保证。例如，起草劳动合同，除要熟悉劳动法领域常见的风险外，还要了解这个行业常见的劳资纠纷情况，有针对性地了解这个单位的经营情况、薪酬管理制度、工时、加班等情况，还有以往发生的劳动纠纷情况，以及有没有某些特殊岗位需要特别约定的情况，公司是否需要搬迁，是否存在需要签署无固定期限劳动合同的员工等情况，只有充分了解以上情况才能起草出适合该公司的、针对性强的劳动合同。

◆ 法律文书的特点

业界前辈创造了很多法律文书的模板，普遍适用，我们也可以自成一派，形成自己的风格。法律文书比较典型的特征是：法言法语、逻辑严谨、条理分明、一针见血。

◆ 法律文书的写作要求

凡事要有所要求，高要求会有高标准，无要求、低要求、随意心态，难以带来高水准的成果，带来的只是“差不多”“随随便便”的结果，务必避免诸如格式不一致、措辞不精准、排版不美观、有错别字等问题。

书写法律文书，要反复斟酌、推敲，力求简练、准确、优美、界面友好，形成精品。简练就是要言简意赅，言辞精练。准确就是要正确、精准表达自己的观点，逻辑严密，同时表述要符合法律规定，有事实及法律依据，能够准确表达自己的法律意见。优美就是版面要美观，格式要讲究，让人看着舒服。界面友好是指内容条理清晰、重点突出、直击案件焦点，方便阅读、易于理解、易于检索。法官的工作是比较忙碌的，所写的文书要便于法官快速阅读，使其容易掌握所表达的意思。形成精品，就是让法律文书既实用又耐看，我们要以追求极致的心态来对待，不断修改、斟酌、琢磨，达到行业高水准。实践中，我们写一份文书，今天觉得一气呵成，字顺文从，明天稍加研究，又觉得仍可补充完善，就是这个道理。

不可忽视人的思维定式。对抗性的法律文书，诸如答辩、上诉、异议等文书，还要考虑一个问题——打破思维定式，要按经办人的办案思路来写，从经办人能够重视的角度来写，否则你写了洋洋万言，别人可能无暇细看，或者根本无法打破他们内心确信以及已认准的事实，无法引起别人的足够重视。

法律文书一定是一个严密的逻辑闭环。法律文书是极为严肃、严谨的文书。同一案件的多份法律文书，要前后连贯，不可前后矛盾。比如如果起诉书中的关键处有一个错别字，则可能会导致再次开庭、方案出错等严重的法律后果；又比如写了一些不利的内容被认定为自认。因此要打起十二分精神，特别谨慎。法律文书的排序也是很讲究的，哪些内容在前，哪些内容在后，都要具体问题具体分析，以让阅读者接受你的观点为排序的目的。

漂亮的外观。法律文书代表法律人的形象，每一份法律文书都要认真、严肃对待，做到外表精美，审阅舒服。切忌随随便便，格式不统一，错漏百出，满纸涂改，如此则无异于自己形象邋遢，不修边幅。所以，要养成一个习惯，每份文书交付前，一定要从头到尾再审查一遍。

古语云："书痴者文必工，艺痴者技必良。"提升法律文书的写作能力，需要这种"书痴者"的心态，不断练习，多写作，功多手熟，每一份文书都要精益求精，有这种态度，久而久之，我们自然会掌握高超的文书写作能力。

第四节　法律检索

◆ 法律检索的意义

没有人能够掌握所有法律规定，没有人能够掌握全部领域的实务知识、实务观点，每个法律人都会涉及新领域，遇到新问题，所以法律工作必然涉及法律检索的问题。

法律工作者虽然经过科班学习、训练，但掌握理论知识只是为解决法律问题打下了一个基础，在实践中会碰到很多疑难问题和自己心里不确定、把握不准的问题，所以需要进行法律检索。法律检索可以填补知识的空白。

法律检索是法律工作者的基本技能之一。法律检索是为了了解某一个领域具体问题所涉及的法律法规、法律适用、实践观点等知识，进而运用该知识解决实务问题的过程。

法律检索是让法律人能够保持正确的法律思维的方法之一，有助于法律人用法律思维进行分析、思考，可以让法律人的观点兼具理论性及实践性，而不是只知道一些理论知识。

一般而言，在自己未掌握系统的理论及实务知识前需要经常性地进行法律检索。遇到把握不准的法律问题、有争议的法律问题、新的法律问题，法律检索也是极其必要的。

◆ 法律检索要解决的问题

法律检索要解决什么问题呢？主要是掌握解决问题的相关法律法规，找到直接的法律依据，了解实践观点，尤其是当地司法实践采信的观点，了解该业务所涉及的法律知识理论，找到理论观点，了解某项具体业务操作流程，了解该业务在实践中常见的法律风险，检索类案供人民法院参考，等等。

通过法律检索，我们办理某案件时就知道如何操作；解答法律咨询时，可向提问人讲述相关规定、实践处理；帮助客户起草协议时，知道如何起草出专业、合法、可规避风险的协议；代理诉讼案件时，我们可将其作为重要的办案素材，在诉讼前制订出正确的战略及可落地的方案，诉讼后向人民法院提交相关案例检索报告，可以影响法官的裁判，让法官更好地接纳我们的观点。

◆ 法律检索的思路

法律检索的思路，简而言之就是对症下药。首先，要知道“症状”，就是将现实问题归纳为法律问题。其次，要知道“药效”，就是某个法律问题的法律依据、法理、案例研究，法律依据是处理的基点，法理是正确适用法律的支撑，案例是实践适用。最后，“下药”，即在了解法律问题及相关规定依据、实践理论之后，提炼、设计出解决方案。

比如，某人长期向甲借款，还了一部分后又借，现在甲想写一个总的借条。这个问题，对于有经验者而言并不难；而新手则有必要进行法律检索。先了解客户的问题及需求：某人长期向甲借款，还了一部分后又借，现在甲想写一个总的借条。归纳法律问题：民间借贷法律问题，涉及高利贷，需要签署一份合法的协议。具体要解决的问题：本金的流水不足，利息过高，要将到期利息计入复利，要将多份内容简单的借条及部分还款流水整合为一份。检索内容：1. 法律规定的检索。《中华人民共和国民法典》的相关规定，民间借贷的司法解释，如果涉及以往司法解释，还要检索当时的规定。2. 协议版本的检索。3. 将利息计入本金的司法实践案例的检索。

◆ 法律检索的类型

这里说的法律检索，包括法律法规、法理、实践理论、案例检索等内容。具体包括以下几类。

规定类：法律、法规、司法解释、政策、地方性法规、规章、行业性规章、地方性司法文件、司法政策、会议纪要等。检索的目的是找到法律依据，理清法律规定的内容，找到直接适用的规定。

法理类：法理、专著、论文、实务文章、法律法规的修订说明、新闻发布会等。检索目的是准确理解法律条文的内涵，了解法律的精神，准确地适用法律。

实践类：实践理论检索包括到办事部门了解具体操作，向该领域经验丰富的人请教，查阅实务性的操作流程、内部操作文件、行业性的相关知识、行业模板、法规，及司法解释的制定说明等。检索的目的是按地方性规定的文件、流程予以办理。

案例类：检索这个领域相关问题的实务性案例、指导性案例、公报案例等。检索的目的是了解实践是什么样的，理论联系实际。

其他相关知识检索：包括专业的理论书籍、国外理论、前沿理论、跨行业的理论知识等。

◆ 让法律检索发挥更大的意义

有些检索内容，工作中可能多次涉及，因此为了避免重复劳动，案例检索时应注意两点。

第一，及时总结。将相关知识分类整理出来，若不及时总结，日后又会重复劳动。

第二，注意完善、更新。注意之前的检索是否完善，有没有出现新的观点；对于实践观点中有两派操作观点的，要留意当地司法实践之前采用的是不是这个观点，现在是否采用另外一个观点；有无出现新的规定，相关法律法规有无修订。

法律检索，狭义的理解就是单纯的检索，实际上法律检索还是一个检索—研究—总结的过程，可以为解决问题提供法律支撑和有利的理论支持，可以形成实用性的知识体系。

第五节　证据能力

“打官司就是打证据”是许多老百姓的口头禅。证据是诉讼之基，缺少证据则会极为被动，证据充分则可以相对准确地预测结果。做好证据功课是律师的重要工作之一，证据不扎实，则难以维护委托人的合法权益。

◆ 要在思想上认识到证据的重要性

我们从事法律工作，尤其是诉讼工作，要深刻地认识到证据的重要性。在法庭上，如果你没有证据，法官是不会采纳你观点的，没有证据，对方可能会明目张胆地否认客观事实，没有证据，你的陈述常常会苍白无力，可能因证据不足而使争议加大，可能因证据不足而败诉，需要反复开庭或者上诉而无法快速处理，可能因欠缺一份基本的证据，导致案件局势扭转。证据不充分，案件的结果就有一定的不确定性。证据是权益的保障，证据充分才能最大限度地保障权益，才能不让非正义有可乘之机。证据思维、证据意识、证据收集的能力是法律人基本的职业素养。

◆ 法律无君子

我们常常说“法律无君子”，就是说关键的事项、环节一定要按法律规定做到位，要打破那种碍于情面的想法。如果我们有这种思想，证据工作就会松懈，证据标准就会降低，难免会发生争议。我们做的是法律工作，而形成良好的证据体系，是我们的基本工作。手续齐全、证据完善，不仅不会损害与客户的关系，还可以减少争议，保障良性合作。如果证据不足，说不准哪一方会扯皮，没有协议约定可能就没有评判标准，合作也可能会“夭折”。最基本的文书、手续要有，要努力避免出现争议纠纷。

◆ 证据工作的注意事项

在实践中，证据工作要注意以下两点。

第一，要有强烈的证据意识。在思想上要高度重视证据，对于证据要有高度的职业敏感，在任何情况下都要坚持应有的证据标准，要按法律规范办事，备足证据，在证据上立于不败之地，避免不必要的法律风险。

第二，要有证据链的思维。有利证据是不嫌多的，要收集尽可能多的证据，形成证据链，做到证据充分，没有争议。在没有形成证据链之前，要穷尽所能补充证据。在证据不充分之前，不宜轻易提起诉讼，仍需以退为进，做好安排。

此外，还要注意证据的有效性、严谨性、动态性、防范性、及时性。每一份证据都要符合相应的证据形式，尽量避免瑕疵、争议，确保真实、有效、关联。一份合同在前期洽谈、签约、履约等全部流程中，都要动态、及时收集证据，在出现突发情况时，要有针对性地处理，建立专门的证据档案，万一产生纠纷，不至于处于被动状态。

如果证据中有不利于己方的因素，也要注意甄别，不要将客户提交的证据不加审查就照单全收，全部提交给人民法院，而要仔细审查是否有对己方不利的因素。提交诉讼证据是极为严肃的事情，要知道，交出去的证据是撤不回来的。

我们在工作中，办理每一件法律事务，证据一定要充分，要记住一个基本原则：只有证据充分才能保护合法权益，才能避免产生争议。证据充分、完善，是我们最基本的工作要求，是不可降低的标准。在证据仍不充分的情况下，要补充完善，不要急于一时，贸然起诉。

第六节 其他基本能力

律师工作对个人综合能力要求很高，律师既要懂得如何解决法律问题，又要懂得如何获取客户，比如需要掌握一定的营销能力、市场能力、拓客能力等。我们要注重综合能力的培养。综合能力涉及方方面面，案件不同，可能需要具备的能力也不一样，最基本的一项能力是学习能力，解决问题需要哪些能力，我们就有针对性地进行学习。比如以下几种能力。

◆ 团队合作的能力

尤其是在办理大案、要案的时候，我们学会与人合作，可以更高效地办理好案件。办理某个综合案件时，在你某方面专业知识欠缺的时候，要与具有该方面知识、资质的人员合作。某个律师在某方面有特长，而你刚好有这方面的案件问题，那么，合作有助于你高效解决问题。建立团队，与团队成员共同成长，奋斗路上不孤单。

◆ 案件管理能力

案件管理能力也是一种重要的能力。第一，要保证案件质量，确保按应有专业标准办理；第二，保证办案效率，不错过办案时间，或者过分拖延；第三，尽量为客户提供良好的服务体验，第一时间主动告知客户案件的办理情况，维护与客户的良好关系；第四，做好档案管理，可以随时找到案件，快速了解案件情况。

◆ 沟通能力

与办案单位、当事人、对方当事人沟通也是一种不可忽视的重要能力。有效沟通可以解决问题，无效沟通可能难以达成调解，不当沟通甚至会激化矛盾，适得其反。沟通能力并非天生的，要在实践中经过多次亲身历练才能掌握。

◆ 一案一总结的能力

每办一案，要有对这一案的总结，总结自己的不足，完善该案的相关知识，再扩大到类案，要争取能办一类案。在办理了几个同类案件后，要对这一类案件进行全面的研究，形成该类案件的知识体系。

◆ 知识管理的能力

注重知识积累、管理的能力，对相关知识进行系统性的、深入的实务研究。要注重平时下功夫，点滴积累，积少成多。服务客户也要注重日常记录、总结，形成自己的知识系统、模板系统，完善自己的知识管理结构。

◆ 职业习惯、职业形象也是一种竞争力

办理简单案件也不可掉以轻心，即便是自认为没什么悬念的案件，也要认真对待，以免突发情况，就算一审胜诉了也不要沾沾自喜，还要做好二审对方上诉及应诉的准备。职业形象也是很重要的，比如你的着装随意、发型太新潮，会给客户留下不稳重、做事随意，不像一个律师、不成熟的印象。谈吐不文雅、做事不守时等会让人觉得你做事不严谨，不靠谱。虽然着装因素不是决定性的，但是良好的职业形象，更能彰显出律师的职业气质。

◆ 拓展客户、服务好客户、维系客户的能力

律师要做好服务，办好客户委托的事情，给客户良好的服务体验，维护良好的客户关系。律师也要拥有相应的市场能力，知道如何拓展客户，如何成交。

第七节　常见的实务技能

除掌握前述基本工作技能外，初入职场的法律工作者，还要掌握一系列具体的实务工作技能，包括以下几种。

◆ 接待客户

包括协助律师接待客户，打印委托代理合同、打印授权书、复印证据资料，了解所有案件事实，记录案件细节，解答客户的部分咨询，向客户汇报案件进展情况，等等。

◆ 梳理证据

与客户沟通案件证据情况，可以提供的证据有哪些，还可以补充哪些证据，梳理案件的事实、证据资料。

◆ 起草法律文书

包括起诉状、答辩状、质证意见、鉴定申请、调查取证申请书等工作中所需要的法律文书。

◆ 审阅、修订合同/法律文件

审阅、修订合同，与客户沟通合同的相关细节，了解客户的交易背景、需求，有针对性地修订合同，或者起草合同。

◆ 立案

准备好立案资料以供指导律师审查，审查通过后申请网上立案，或到人民法院现场立案；需要申请财产保全的，联系好担保公司，准备好财产线索等相关资料；申请人民法院强制执行立案；其他机关主管的案件，到相关机关提交立案申请。

◆ 查询信息

主要包括查询人口信息、婚姻登记信息、工商信息、房产信息、车辆信息、申请政府信息公开、查询财产线索、调取其他证据资料等。

◆ 跟进案件

跟进案件情况，是否需要补充相关证据等，做好开庭准备，平时要做好档案的扫描、刑事案件的跟进，即是否移送审查逮捕、审查起诉、移送人民法院，申请阅卷。注意案件的立案、保全、交费、开庭、判决、上诉、续封、再审等流程，提醒当事人办理交费等事项。撰写案件的相关文书。向办案单位了解情况后，将案件的相关情况向客户汇报。制作类案检索报告、法律检索报告。

◆ 协助办理非诉事务

比如公证取证、到现场化解矛盾、提出行政处理申请、申请阅卷等。

◆ 法律实务研究、知识梳理总结

针对某一领域、某一问题，有针对性地深入研究，整理相关知识、检索案例，形成类案报告，掌握该类案例的相关知识。

◆ 法律检索

针对客户的案件，要有针对性地进行法律检索。

◆ 学习一些实用技能

比如制作思维导图、制作PPT等技能。

◆ 管理多媒体账号

协助打理律师事务所/个人公众号、网站。

◆ 案件归档

案件归档也是律师的基本功，从入行之日起，我们就要养成扫描后及时归档、保持档案整洁等良好习惯。归档后，要及时进行总结。对于可能要恢复执行、续封的案件，要特别标注出来。

◆ 知识管理

做好知识管理，将相关的法律法规、案例，分门别类地汇编整理成册，形成系统知识。律师是专业性工作，知识管理会伴随律师的整个职业生涯。

◆ 其他可以办理的事项

如继续深造、考研、考证、参与协会、研究法律产品、发表专业文章、发表论文、撰写专业书籍等。

第六章

民事诉讼流程实务

第一节　概述

民事诉讼业务是常见的法律服务业务，属于争议解决法律服务，我们要掌握常见的民事诉讼纠纷的处理方式，熟悉立案、开庭、上诉、执行、再审等民事诉讼的全部流程。

办理民事诉讼主要涉及《中华人民共和国民事诉讼法》《关于民事诉讼证据的若干规定》等程序性的法律法规，应熟悉具体的流程性规定、证据举证规则、举证期限、交费期限、上诉期限、再审期限、执行期限等相关规定。对于每一个具体的个案，要学习相应的实体法的规定，并研究法理、案例以及当地司法实践。这些基本的知识，我们在学校已系统性学习过，还需要在实践中主动学习、深入学习，才能牢固掌握。

民事诉讼牵涉面很广，任何律师都不可能熟悉所有领域，但是掌握了法律检索等技能，经过深入系统的研究后，我们会发现实质上跟普通案件大同小异。越向专业化方向发展，越会觉得这个领域学问高深，总会遇到一些棘手的问题。有一点我们要清晰地认识到，每个案件都是不一样的，就算自己已经办理了几百个案件，经验很丰富，可能还是会遇到新的情况，所以对于疑难问题，要尽可能地全面检索，永远保持谨慎、谦卑。

办理民事诉讼业务要注意，有部分案件可能要先经过行政程序，而部分案件可能要先经过刑事程序，如果不知道这些情况，就会走弯路。办理刑事诉讼业务、行政诉讼业务，也要学习相应的程序法、实体法、相关法理、案例，然后根据个案的证据，提出相应的解决方案。

第二节　接案

◆ 洽谈案件

1. 洽谈场地。原则上不到客户处洽谈案件。尤其是完全不熟悉的客户，一般不宜上门洽谈案件，如果一定要外出洽谈，建议两名工作人员一同前往。

2. 洽谈礼仪。预约客户上门后，提前通知律师事务所行政人员协助接待。建议穿着正装接待，让客户觉得受到尊重及重视，多人接待的，要简单介绍一下接待律师。

3. 洽谈姿态。在会见客户时，要注重礼仪，要充分尊重当事人，同时要不卑不亢，善于倾听，有针对性地发问，以了解案件情况及进行初步的法律分析，归纳争议焦点，找到问题所在、风险点所在。一般不当场提出解决方案（主要是因为没有深入全面了解案情），即使客户要求，通常也只是给出一部分分析意见及解决办法，进而讨论洽谈委托的问题。

4. 会客目的。在会客时，初步了解客户的大概情况，并且有针对性地开展准备工作。要注重洽谈效率，洽谈的主要目的是接受委托，给出初步的法律分析，如果时间充足就可以多说，时间紧张的话就简要分析。对于一些抓不住问题重点的客户，或多次陈述不相关事实的客户，要主动提问引导，让他把事实陈述清楚。对纯粹咨询而没有委托意向的客户，要及时引入收费的问题，或者提出咨询收费。

5. 会客的主导。与客户交流是一门重要的学问，在交流中要注意掌握主动地位：要多听客户陈述、鼓励其陈述、引导其陈述、注意总结、了解他的需求；在没有充分掌握证据前不宜草率下定论，可陈述法律相关规定，但不可以轻易发表法律意见；要尽早确定客户是否有委托意向，引导其委托代理。

6. 报价。熟悉并参考政府机构颁布的相关收费指引，以及事务所的收费指引。初步了解案情，能够当场委托的，可以当场办理签约。如果无法当场决定委托，案情较复杂且比较有价值，可以根据案件的情况，起草《案件初步分析意见/报价方案》。对于重大案件，可以考虑像投标一样起草一套详细的文件，展示自己的专业能力，增加成功接案的概率。

7. 后期跟踪。初次会面后，对于没有委托的案件，要有一定的耐性，定期主动跟进，增加业务合作概率。对于一些明显无合作意向的客户也要加以识别。

◆ 洽谈、接案的注意事项

1. 不可承诺案件结果。若当事人询问胜诉把握，不要轻易许诺，应说明律师需要知道案件情况，全面了解案件事实及证据是否充分，还要了解对方有什么证据，以及在法律适用上是否有争议，才能进行初步判断。律师承诺结果是不合规的，也是不负责任的。

2. 要披露风险。在洽谈过程中要披露案件存在的风险，降低当事人预期，不能误导当事人一定会达到某种目的。不给当事人任何确定性的承诺。对于当事人的期望，即便此案件有较大把握能赢，也不作承诺。如果已明确告知客户无法承诺，客户坚持要承诺结果，则以不代理为宜。

3. 拒绝委托。如果当事人的诉讼不合法、诉讼目的不当，无法达成，而不愿更改的，可不接受委托。当事人利用律师合法代理协助其从事非法行为的也不能接受委托。

4. 明确告知所需要的费用。对于确定的费用，要告诉客户准确的数额；对于不确定的费用，也要提前告知。让当事人清楚地知道代理案件所需的费用，包括诉讼费、保全费、鉴定费、担保费等。

5. 遵守统一委托的规定。由律师事务所统一接受委托，律师个人切忌私下接案、私下收费，不可接受存在利益冲突的案件委托。

第三节　办理委托

确定接受委托的案件，要再次审查以下事项。

1. 委托人具有相应诉讼利益、利害关系，是否具有诉讼主体资格；

2. 是否真实诉讼，排除虚假诉讼，是否借用律师合法代理办理违法事项；

3. 是否已向专管员确认无利益冲突；

4. 委托人真实签署委托合同及授权；

5. 委托代理符合律师行业受理规范；

6. 收费不违反规范；

7. 对于重大案件、涉黑涉恶、群体性、敏感案件应依法报备；

8. 是否已告知客户风险，不可承诺案件结果；

9. 是否明确告知客户收费标准、所需要的费用；

10. 每个具体的个案应关注的其他事项。

属于律师事务所可正常接受委托的案件，可办理委托，以律师事务所的名义签署合同，绝不能以个人名义办理委托。

要制作一份案件清单，每承办一个案件都要录入案件清单，并且定期查看案件清单中案件办理的情况，确保不错过办案进度，不错过相应的办案时间。如果没有案件清单，久而久之就可能不知道自己办理了多少案件，可能忽视一些案件的进度。

对于接受委托的案件，为提高办案效率，预防遗漏案件细节，要当场记录案情细节，当场询问案件具体情况和相关事实、细节，询问其证据情况，收集整理相关证据。

原则上不接收客户的资料原件，如果确要接收，要签署接收材料清单并妥善保管。

第四节　要有专业的办案态度

接受委托后，整个办案过程中，律师要与客户保持充分沟通，保障客户的知情权。通常来讲，律师要注意做好以下沟通工作。

◆ 第一时间办理

保证案件效率，是最基本的办案态度，能够马上办理的事马上办理，能够当天办理的，尽量当天办理完毕，杜绝拖延。当然，律师总会有很忙的时候，但是仍然要在合理的时间范围内将该办的事项办理完毕。

◆ 主动的工作态度

律师要主动追着客户要资料，主动追着客户签署文件，积极推进案件。律师要主动、定期向客户汇报案件情况，不要等客户询问时才汇报，保证给客户提供良好的体验。律师要经常向客户汇报案件进展，保障客户的知情权，让客户知道你做了哪些工作，达到了什么效果，下一步要做什么。案件出现新情况时，要第一时间与客户沟通。有些需要客户办理的事项如交费、签字等，如果客户久久没有回复，应主动询问客户、提醒客户。

◆ 一次性到位

律师要站在客户的角度思考，尽量让客户易于理解，知道自己要做些什么。需要客户签署的文件，尽量一次性准备齐全，让客户一次性签署，不要因为出错、遗漏而反复处理。需要客户提交的资料，尽量一次性告知，列出材料清单，不宜零零散散，今天交一些，明天交一些。律师与客户沟通也需要一次性准备好相应的提纲，不宜问东问西，让其觉得逻辑混乱而不耐烦。

◆ 保证办案质量

需要严格按规范办理案件，用心、尽职尽责地办理案件，保证办案质量，这是客户的核心要求，也是我们工作的核心。不可丢三落四，不注重细节。

◆ 要给客户预留充分的时间

不能在开庭前两三天才通知客户，以免客户在外地，无法及时返回，或者来不及提交证据原件，来不及做准备。

◆ 专业的形象

专业的形象包括专业的职业着装、沟通方式、礼仪等，就是尽量在所有的细节处都能体现律师的专业性，比如开庭的时候，对方或者法官要核对原件，律师必须很快找出来；开庭的时候，人民法院询问细节，律师能够对答如流，而不是支支吾吾，无法作答，甚至一问三不知；律师要将所有的证据汇编成册，标页码，按逻辑顺序排列，以便于检索；等等。

这些重要细节能让当事人感受到你的专业、负责、积极对待、热情和贴心，会让当事人对你有良好的印象。反之，客户可能会挑刺，认为你不专业。对于你无法控制的办案进度等事项，要做好解释说明工作。

第五节　立案

◆ 确定办案团队

组建专门的团队办理案件，建立微信沟通群。通常来讲，协助办案的人员，要组建工作群，以互通消息。组建微信群后，不宜私下沟通案件情况，以免团队其他成员不知悉案件情况。

◆ 研讨案件

主办人员了解案情后，要吃透案件事实，全面了解案件细节。然后，整理初步的方案及案件证据，与指导律师一起研究方案、确定需要收集补充的证据。

◆ 指导收集、完善证据

指导收集证据，务必做到证据属实。证据不够完善的，让当事人完善证据后再处理。当事人怠于提供证据的，要做好解释工作。若当事人还是不配合，可向当事人发送《证据收集通知书》，书面函告其在限期内补充证据，及证据不足的法律后果。

不能因为当事人懒于收集证据、不耐烦收集证据，或者当事人认为证据已充足，而降低证据标准。收集、完善证据是极为严肃的工作，是基础性的、前提性的工作，绝对不可以随意对待。

原则上，证据不充分的，不可以立案，这是工作准则之一。如果竭尽所能去收集证据，仍无法收集到，要告知客户相应的法律风险，然后启动立案。有部分案件可能要先立案，在确定起诉方案后，再确认后续材料对起诉方案有没有影响，这时可以先起诉，起诉后再限期补充证据。

组织证据要有严密的逻辑，要站在法官的视角，方便法官查阅。要确保每一个诉讼请求都有对应的事实依据、法律依据、较为充分的证据。

证据要尽量一次性收集完毕，避免二次补充收集，以免人民法院送达难，导致二次开庭、质证。

◆ 确定起诉方案

主办人员起草起诉状、证据清单，整理好证据，移交指导律师审查，由指导律师审查、修改完善。必要时，可以约当事人一起洽谈起诉方案。对于风险较大的案件，应该要约当事人见面洽谈起诉方案。要充分告知当事人，需要当事人作决定的，要让其签署《风险告知书》《案件代理方案告知书》。

对于较为复杂的案件、有争议的案件，需要检索与案件相关的法律法规，查阅相关法理，检索当地的相关司法实践。

确定起诉方案要特别谨慎，避免因诉讼策略、诉讼主体、诉讼请求、法律关系等出错，而撤诉重来，否则会欲速不达。

主办人员要对修正后的意见进行重新整理，如有必要，可再次向指导律师请教。

在办案过程中，不懂就问，切勿不懂又不好意思问。

实习律师切忌未经指导律师审查而擅自决定立案，否则出错了会比较麻烦，就算没有错，可能也得不到指点，这个步骤是不能省的。

◆　立案前调解及立案

根据情况决定是否先行调解，对于有可能调解的案件，可以先调解处理。如果需要紧急立案，应第一时间立案，甚至可以一边立案，一边调解，同时进行，两不耽误。

立案的注意事项如下。

第一，起诉方案要经指导律师审核通过。

第二，起诉方案要告知当事人，要让当事人亲笔签名，特殊情况下要拍照证明是当事人签署的授权书、起诉书。在签署起诉书过程中如能考虑他人处境，采取邮寄等与人方便的方式则是善意的做法。某些可能会增加诉讼费等不利的情况，要事先知会当事人，征询其意见。

第三，在签署起诉书过程中，要告知当事人保留证据原件，电子证据要保留原始载体。

第四，要提醒当事人将对方的联系方式写入起诉状中。

第五，起诉材料要按照人民法院归档的标准准备好，复印要清晰，要标页码，要有清单以便检索，尽量一次性交齐，以免人民法院多次送达相关文书，增加麻烦。可以主动询问经办人员是否需要电子版。举证、提交意见等不要拖延。要严格地一次性做好、做到位，不要指望开庭后再补交证据，甚至还指望上诉、再审纠错。

第六，如果要申请鉴定、申请保全、申请证人出庭、申请调查取证，那么要在立案时一并提交申请材料。

网上立案，在人民法院的网上立案系统办理。

立案的材料：第一，委托手续。所函、执业证书复印件、授权委托书、委托人身份证复印件（公司要有营业执照、法定代表人身份证明书，并且授权委托书要有法定代表人的签名）。第二，起诉书、证据清单、证据（按被告+1）的份数准备。第三，送达资料。

财产保全分为诉前财保、诉中财保，要准备好财产保全申请书及财产线索。财产保全要盯紧，有些案件可能仅差一个小时，就有不同的结果。

立案后，通知当事人交费，并为当事人保留交费发票。如果当事人没有交费，要提醒其限期交费。

◆ 立案后的跟案工作

立案后，要不定期地跟进案件开庭时间、保全情况、人民法院是否能够顺利送达、是否需要协助提供其他联系方式、有无补充的财产线索、有无补充的证据、有无和解的可能、对方有无提交证据及答辩材料。如果对方提交了证据及答辩材料，要第一时间送达我方客户，并且有针对性地询问相关情况，起草质证意见书。

人民法院确定开庭时间后，要通知客户开庭的时间、地点，告知其准备证据原件。

第六节　开庭准备

接到开庭通知后，要第一时间通知客户及开庭律师，告知客户提前准备好证据原件并按顺序整理好，有电子证据的也要提前准备好，杜绝在开庭时才临时整理，否则手忙脚乱，浪费法官的时间，将遭到法官警告。如果是被告方，要准备好答辩、质证、举证，尤其注意举证要在举证期限内提交。

若有证人的，要在法定期限内，提前申请证人出庭。开庭前务必告知证人开庭时间。

做一份开庭准备文件，记录案件的基本事实，对于法官可能问的问题要全部过一遍，归纳争议焦点，并围绕争议焦点准备好要陈述的相应观点、意见，预测对方的抗辩、证据，为法庭辩论做好准备。在法庭辩论阶段，尽量做到清晰、流畅、有针对性地发言，避免在法庭上说话断断续续、没有条理，给人不专业的印象。开庭前应询问当事人有无可能和解及预期的和解方案、底线，准备好相关法律依据等文件。这些都是台下之功，只有充分做好开庭准备，庭上才可以淡定地应对。那些精彩的、经典的法庭辩论，大多是经过充分准备的结果。

如有必要，可将起诉状、证据清单、质证意见等资料拷贝备用。

在开庭前一个礼拜及时将案卷整理好并交给主办律师。接到开庭通知后，要再次研究案件，明确有无补充证据、有无变更诉讼请求、是否需要补充案件事实。

对于案件有争议，需当事人发言的，为防止当事人不当陈述，在开庭前要与当事人沟通，告知其庭上发言注意事项，避免其表述不清，或与事实、证据不符，给法官造成误解，让对方抓住把柄。

对于案情复杂的案件，若有条件，可以考虑模拟开庭。即使是案情简单的案件，也可以自己推演一下庭审，预演对方会如何抗辩、质证，或者持有哪些我方不知道的证据。

对于诉讼请求复杂的案件，要事先做好准备，明确如何向法庭阐明诉讼请求。

第七节 开庭

开庭前要再次熟悉案件，做好开庭准备，做到心中有数。

需要到外地开庭的，要提前一天与书记员核实开庭时间，个别情况下会因文书送达或者人民法院工作人员等原因改期开庭。

至少提前半小时到达人民法院，以免因道路拥堵等情况导致无法按照到庭。开庭务必守时，迟到是大忌，所造成的后果很严重。

到法庭后，要再次交代客户注意事项，核对好证据原件。

开庭时要穿律师袍，要高度集中注意力，听清楚法官的话，如果确实没有听清楚，可以厚着脸皮问一下，要言辞谨慎，不能答非所问，除非需要刻意回避的问题。陈述时声音要洪亮，语速不要过快，要让人听清楚，同时方便书记员记录。要注意开庭礼仪，严格遵守法庭秩序，不轻易打断对方讲话，未经许可就插话，不可抢答，要注意语言技巧，可以适当回避一些问题，使用“代理人不清楚”这种“万能用语”，待庭审核实后再回复。对于证据突袭，如果不宜当庭质证，要先核对证据原件，表明庭审后与当事人核实、了解情况后再回复。

开庭时，可能会与对方律师、当事人发生言语冲突的情况，要注意说话方式，举止有风度，言语有理有力有节，不可急躁、无礼，要就事论事，不要激化矛盾。

庭审时一定要自信，说话要有底气，即使自己很紧张，也不要慌，不要怯场，要镇定从容，将庭审表现发挥到最佳。

开庭过程中，如果对方提出无关问题的，可以拒绝回答，对于对方的辩驳观点，要有针对性地回应。

开庭过程中要做好记录，尤其是庭审后需要核实的事项、补充的资料，对于一些不太确定的陈述，更要记录清楚。

开庭过程中还要记录争议焦点，并且归纳辩论意见。陈述辩论意见时，声音要洪亮，语言要清晰、流利，表述完整、逻辑性强、有明确依据、针对性强。

签署庭审笔录时要核对准确，如发现不当的可以要求更改。

民事案件开庭的流程：首先，核实当事人的身份，告知当事人诉讼权利，询问是否回避；其次是法庭调查，询问原告是否变更诉讼请求，听取被告答辩，询问原告证据、被告质证，询问被告证据、原告质证；再次是人民法院询问、相互发问，之后进行法庭辩论；最后是陈述及调解。刑事案件、行政案件的流程类同。

第八节　开庭后的工作

庭审结束后，最好当天就向当事人汇报庭审情况，解答当事人的疑问。

如果案件需要补充、核实事实，补充证据，要在规定期限内补充。对于案情复杂的案件，庭审结束后要重新复盘，针对对方的意见和证据、案件焦点问题、双方争议意见、我方陈述遗漏的观点、法官可能存疑的问题，精心提交代理意见，系统梳理观点，引导法官采纳我方意见及案件检索报告。写代理意见是有必要的，对于不少案件，开庭者可能不写判决书，或者过了很长时间才写。即便认为是胜券在握的案件，也不能掉以轻心。代理意见可以按判决书的模式书写。

如果有二次开庭，也要提前做好准备。如果认为有必要调解或调解处理的结果更佳，要尽量争取调解。如果没有二次开庭，要及时跟进判决情况并知会当事人，不能坐等判决，否则会令客户不满。跟进案件进度，不会加快法院处理速度，但是如果长期不跟进，就可能因手头案件繁多而出现工作疏忽的情况。

领取判决书后，要立即送达当事人，告知其相应的判决内容，并做出相关解释，还要明确告知其上诉的权利及法定期限。

如果当事人选择上诉，接受委托后应及时办理上诉事宜，要在法定期限内向原审法官送达或者邮寄上诉状。

如果人民法院判决要执行的，应告知当事人执行期限，强制执行也是在委托范围的，需及时办理。

如果有必要申请再审，要告知当事人再审的期限。

案件办结后，要及时归档，做到一案一总结，并且给予客户一些法律风险提示。

第九节　保全的续封

无论是诉讼阶段还是强制执行阶段，财产保全都有一定的法定期限，务必谨记财产保全的续保申请期限，要在法定期限内申请继续查封。如果诉讼长期未能判决，或出现上诉、发回重审等情况，可能会导致冻结存款的手续过期，一定要在到期前续封。此外，执行终本后，查封的财产到期的，人民法院会依法解除查封，如果发现仍有查封、未处理的财产，应继续申请查封。

第十节 常见案件实务/示例

本节的相关知识主要依据南磁所内部编撰的《交通事故理赔手册》《交通事故保险索赔法律实务》《安全生产法律实务》《人身损害赔偿案件简明指引》《应收款案件简明指引》《南磁律师事务所继承法律业务指引》等案件实务手册，以及律师协会发放的相关培训教材。

对于办理案件的相关知识，只有亲身经历才能切实领会，有疑问的要及时向指导律师请教，办理每一个案件中都要不断学习、总结。

案件示例解说：买卖合同纠纷案件

客户委托后，可能会提供一些证据资料，可能包括合同、对账单等，也可能只有送货单。作为专业律师，我们应当做好以下工作。

第一步，了解案情和委托目的。听取客户陈述，比如客户说他没有签署买卖合同，只有送货单，也没有对账凭证，可推知客户的目的是追讨货款。有些客户无法讲清楚自己的目的，律师要引导性发问，归纳案件事实，并向客户确认。有些案件材料多，情况复杂，不能当场全面了解情况，还需要审查更多的材料。

第二步，了解案件细节、证据。要主动询问客户掌握什么证据，亲自审查一下，从而准确地了解情况。比如，客户及提供对账单、聊天记录这些资料作为证据是不够的。我们要围绕案件，从最初交易开始梳理脉络，详细询问案件细节：1. 关于法律关系的询问。什么时候开始交易，怎么下订单，订购的货物是什么，怎么确定单价及品种，怎么送货，有无签收过程，送货单上签名的人是谁，以前有无交易记录，交易过程中有没有对账，是否支付过货款，有没有开具发票等证据能够证明与对方存在买卖关系并且已交付货物，以及其他根据案件情况要了解的细节。这些交易细节也是日后法庭调查时要询问的重点内容。2. 关于有无反诉的可能的询问。对方不支付货款的原因是什么，是不是货物有质量问题或者迟延送货，合理预测反诉风险。3. 关于诉讼主体、管辖的询问。对方的身份是否确定，自然人有无身份证复印件等。原告、被告户口所在地为何处。4. 其他情况。比如，如果对方申请了财产保全，要询问客户有无对方财产线索。如果已经过了诉讼时效，要询问客户有没有证据能够证明曾经追讨过欠款。通过深入了解案件情况，综合判断交易主体是否确定，买卖关系是否成立，关于交易金额的现有证据是否充分，有无可能补充更多的证据。

第三步，完善证据。律师可以一边了解情况一边收集证据，然后就证据进行研究，如果证据不够充分，要询问客户能否再进一步补充证据，要让客户尽最大的可能去补充、完善证据。对于有风险的案件，应特殊处理，比如曾有一位客户只提供增值税发票作为证据，并且不配合提供其他证据，在这种情况下，应与客户签定补充证据通知书、风险告知书，明确告知客户要限期补充证据。在这个过程中可能会有一些法律上的疑问，如有必要，应进行相应的法律检索。

第四步，拟写起诉状、财产保全申请（如有必要）。首先要阐明诉讼请求，常见的诉讼请求包括：追讨货款本金、逾期利息或者违约金，赔偿损失、律师费、担保费、诉讼费、保全费等。还有要求退还货物，甚至要求承担税费等特殊情况。其次是写清事实与理由，理论上以简单叙述为宜。有些案件，比如离婚案，要劝导客户不使用侮辱他人人格的文字。尤其要注意的是，不要写对自己不利的内容，以免因为起诉状有不当陈述，徒增自己的举证责任。有些内容可以省略不写，尤其是容易引起误解的内容。有些重要的观点可以在起诉状等文书上暂时不表达。写完后一定要再检查一下，看有没有错别字，主体信息有没有错误，格式是否规范，论述是否恰当。检查无误后将起诉方案发给客户，征求客户意见，询问其有无补充、修改，请其确认起诉方案。如果诉讼请求金额计算方式比较复杂的，就要记录下来，以便在庭上呈现。

第五步，整理证据。列出证据清单，按顺序摆放证据并再度审查，力求使证据更完善。要标出页码，复印要清晰，要以一定的逻辑顺序排列，最好从法官的视角来组织罗列证据，以便审查。除一些酌情主张的项目外，应确保每一个诉讼请求都有相应的证据证实。

第六步，网上立案/现场立案，通知当事人缴费。立案前，应再次审视案件，看证据链是否完整，有没有可能再补充。初入职场的新人，要先让指导律师审查，确认无误后再向人民法院申请立案。一定要让当事人本人签署起诉状、授权委托书，在签署文件时要告知其保留证据原件。对于证据尚不完善，又急于立案的情况，务必在立案后于举证期限内提交补充的相关资料。当事人交纳诉讼费后，要告知其保留凭证，下载发票。

第七步，跟进开庭时间。如果立案一个多月后还没有收到开庭通知，就要跟进开庭时间。如果是财产保全的案件，要尽快催促人民法院，紧跟不懈。收到对方的答辩及证据后要及时送达客户，如有疑问的要及时解决。收到开庭通知后，要告知当事人、经办律师。

第八步，庭审后的事项。需要补充证据、补充陈述相关事实的，要在规定期限内处理。收到判决书后应及时送达当事人并告知其上诉的权利和期限。如果客户选择上诉或者对方提出上诉，则要跟进二审。如果双方均未提出上诉，由律师代理执行的，要跟进强制执行。律师代理一审的，要告知客户上诉、强制执行、再审的权利及办案时限。

第七章

刑事业务基本知识

刑事辩护是一项传统的、常规的法律服务业务，办理刑事辩护案件，要明晰禁忌事项，清楚办案流程，同样也要熟悉程序性及实体性的规定、量刑的相关规定，这些都是需要专门学习、研究的知识。

第一节　刑事业务类型

刑事业务主要包括刑事辩护、刑事附带民事代理、刑事合规业务。其中刑事辩护包括侦查、审查起诉、一审、二审、再审、死刑复核程序（涉及可能判处死刑的案件）、申诉等过程中提供的法律服务；刑事合规业务是非诉讼业务，包括防范、化解刑事法律风险等方面的代理工作。

第二节　刑事辩护的主要服务内容

办理刑事辩护案件是为了维护嫌疑人、被告人的合法权益，提出无罪、罪轻等辩护意见，依法保护当事人的隐私等秘密。即便嫌疑人、被告人被舆论判定为十恶不赦的罪人，一旦律师接受其委托并担任辩护人，就要无惧压力，维护其合法权益。

刑事辩护案件中，不同的办案阶段有不同的工作重点，各阶段基本工作任务如下所述。

◆　侦查阶段

会见当事人、提供法律咨询、申请取保候审、提出无罪或罪轻的法律意见、提出羁押必要性审查。如果发现存在刑讯逼供等违法情形，可以代为申诉、控告。如有不在场、未达刑事责任年龄、属于精神病人等无罪、罪轻的证据，可以提交证据。

◆　移送审查起诉阶段

申请阅卷，会见当事人，申请变更强制措施，提出羁押必要性审查，提出无罪、罪轻、不起诉、免于刑事处罚的法律意见，沟通认罪、认罚等事宜，争取从轻处理。

◆ 审判阶段

申请阅卷、会见当事人、申请变更强制措施、提出羁押必要性审查、提供有利证据、争取谅解、出庭辩护、代理上诉等。

第三节　刑事案件的禁止性规定

办理刑事案件有很多禁忌事项，作为律师要特别注意，若不予以重视，可能会涉嫌违法犯罪。刑事案件的禁止性规定主要包括以下几点。

◆ 不可为同案其他被告辩护

律师不可同时担任同案不同被告的辩护人。

◆ 不可做出与会见无关的、违反会见规定的事宜

在会见当事人时，不可以传递纸条、书信、香烟、食品或其他无关物品，不可以做出提供电话协助通信、透露财务消息、传递犯罪立功线索、携带家属会见以及看守所其他禁止性规定的事宜。

◆ 不可妨碍作证

不可实施引导当事人虚假陈述、引导当事人串供、教唆当事人翻供、教唆证人作不实陈述、指导当事人如何陈述、教唆当事人家属毁灭或伪造证据等违规会见的行为，不可实施

违反《中华人民共和国刑法》第三百零六条规定的“在刑事诉讼中，辩护人、诉讼代理人毁灭、伪造证据”等妨害作证罪的行为。

◆ 不可感情用事

在整个办案过程中，要特别注意不要被当事人误导利用，也不可配合当事人家属、相关人员、同案人家属或者辩护人员做出妨害侦查的行为。无论家属有多可怜，或者家属有多么强烈的要求，都不可满足家属传递相关信息、物件、陈述意见等非法请求。

◆ 不可让当事人复印案卷或者让当事人拍照

不可让当事人或其家属复印案卷，或者让其拍照，也不得实施看守所禁止的行为，或者开展其他违反法律、法规、规章、规定的活动，以免因涉嫌违反《中华人民共和国保密法》《中华人民共和国刑法》，构成泄露不应公开的案件信息罪、泄露国家秘密罪。

◆ 禁止承诺结果及风险收费

对于刑事案件，不可承诺案件结果，也不可采用风险收费。

其他禁忌事项，主要包括不可公开谈论案件，不可公开敏感案件，不可违背法庭礼仪，不可因为公检法的态度而动摇自己的辩护立场等。

第四节　刑事辩护实务工作

◆ 办理委托

由事务所统一签署委托合同，根据《中华人民共和国刑事诉讼法》的规定，律师可接受犯罪嫌疑人、被告人或者他们的监护人、近亲属的委托，或接受法律援助机构的指派担任辩护人。其中，近亲属指父母、配偶、成年子女。签署委托合同的同时要签署风险告知书。接受刑事委托的，可以在侦查、审查起诉、一审、二审、申诉等各阶段分别委托，也可以一次性全程办理委托。签署授权书时要委托人本人签字，并且捺手指印，务必注意，一定要确保是犯罪嫌疑人、被告人的近亲属的真实签名。要求委托人提供身份证复印件、户口簿、结婚证、亲属关系证明等可以证明是近亲属关系的证明材料，并且核对原件，要求委托人在复印件上注明“由本人提供，与原件一致”并签名、捺手指印。接待当事人、接受委托过程中不得承诺案件结果，还要注意识别委托人是否为嫌疑人或同案人员。

◆ 会见当事人

当事人被采取强制措施的，被采取措施当天起便可预约会见当事人。会见的目的是了解案情、证据情况、案件进度、当事人供述情况、当事人自己的意见，以及提供法律咨询等。会见前要做好相应的准备，可以先向其家属了解一下大概情况，或者到办案单位初步了解情况，知道当事人涉嫌犯罪的罪名，并且研究一下该罪名的本地判决情况，知悉相应的规定及一般的司法实践，做到心中有数。会见之前，要再次确已认办妥相应的手续。会见的时候要注意礼仪，初见嫌疑人时不宜坐着不动，给人高高在上的印象，宜起身致意，以示尊重。要特别注意当事人的心态，因与外界隔绝，其情绪会有所变化，或紧张，或猜疑，或暴怒，或抑郁，或绝望，等等，可能会敏感、抗拒，对人不信任。我们要想办法缓解他们的情绪，予以必要关怀，适当安抚，以拉近关系，取得信任，以便开展工作。初次会见时不宜直接问当事人有无犯罪，否则当事人会怀疑你是办案人员。一般先询问警方询问的主要内容，了解大概的情况，再询问细节问题，有时候当事人可能没有和办案单位说真话，我们在没有建立信任前不必深究。在了解案件的情况下，可以提供法律咨询，告知当事人被指控犯罪的罪名与非罪的定性、此罪与彼罪的区别，所涉罪名的构成要件及相应刑罚，以及当地一般的司法实践，告知其刑事诉讼程序中的权利和义务，整个刑事程序的规定及法定期限，变更强制措施的法定条件及可能性，所咨询案件可能引发的法律后果，等等。如果是审判阶段，要告知当事人开庭流程、诉讼权利及义务、自行辩护权、最后陈述权等。不同阶段会见内容可能略有不同，需要根据案情而定。会见结束时可以适当说一些人文关怀的话。会见时不能出现传递纸条、食品、香烟等与案件无关的行为。不能对案件办理结果作出承诺。会见的时候要做会见笔录，可询问以下情况：犯罪嫌疑人的身份、家庭情况，此前是否受过刑事处罚、治安处罚等；办案单位指控的罪名、讯问的情况，重点询问的事实；有无参与或如何参与所涉嫌的案件；犯罪嫌疑人承认自己有罪的，询问其涉及定罪量刑的主要事实、情节以及有无自首、立功等法定量刑情节；犯罪嫌疑人认为自己无罪的，询问其无罪的事实和意见；采取强制措施的法律手续是否完备，程序是否合法；被采取强制措施后，犯罪嫌疑人的人身权利及诉讼权利是否受到侵犯，是否需要进行申诉和控告；侦查机关进行讯问的过程、情形；其他有助于辩护人履行职责的事实。会见笔录要让当事人签字确认。为提高会见效率，可在会见前制订会见提纲，将需要了解的内容在会见笔录中提前列出。如果家属与嫌疑人因隔离而无法即时通信的，会见中可有一定的人文关怀，传递家人之间的关心、问候，告知家属情况，使嫌疑人安心，勿过于挂念。

◆ 向办案单位了解相关情况、阅卷，与办案单位沟通

办案过程中，可以向办案单位了解大概的情况，但是办案单位通常告知的内容很少，主要是犯罪嫌疑人涉嫌的罪名，已查明的主要事实。可以向办案单位提交有关犯罪嫌疑人不在犯

罪现场、未达到刑事责任年龄、属于依法不负刑事责任的精神病人的证据，为犯罪嫌疑人申请变更、解除强制措施，提出羁押必要性审查，向办案单位提交管辖异议、撤销案件、不予起诉等法律意见。如涉及非法证据，可以与办案单位沟通非法证据排除事宜。与办案单位沟通取保、认罪认罚、争取较轻的量刑意见。案件移送审查起诉后，可以向人民检察院申请阅卷，注意刑事案卷不可以让当事人复印、拍照。查阅案卷材料应当认真、细致、全面，审查起诉书指控的内容，罪名及事实有无相应的证据证实，证据是否确实、充分，有无非法取证，有无刑讯逼供，被害人供述有无前后矛盾，证人、鉴定人、勘验检查笔录制作人的资格情况及作证时有无违反法定程序，被告人供述情况、有无翻供、被告人的无罪或者罪轻情节，等等。

◆ 代理申诉和控告

有证据证明侦查人员在办案中违反法律规定，侵犯犯罪嫌疑人的人身权利、诉讼权利或其他合法权益，或者认为侦查机关管辖不当的，可接受犯罪嫌疑人的相关委托。

◆ 取证

刑事案件中，除明显没有争议的证据外，律师应当按照规定审慎取证，当事人主动提供证据材料的，应要求当事人在相关复印件上注明“由本人提供，与原件一致”，签名确认并捺手指印，此外还可以考虑让当事人签署提供证据的笔录，并且同步录音录像。一些由有关人员或单位保存的证据，可以申请办案单位调查取证。如需向证人取证，应当向证人或证据持有人说明律师的职责、证人如实作证的义务及提供虚假证据所应承担的法律责任。如果证人是办案单位的人员，应经办案单位同意，也可以申请侦查人员出庭。

◆ 与被害人协商谅解

对于有被害人的案件，可以根据当事人的意愿，与被害人洽谈谅解事宜。但是切记谅解工作仅限于出具谅解意见，不能要求被害人作出不符合事实的陈述。比如，强奸案中为取得被害人谅解而让被害人更改口供，这样警方可能不会采信，不仅不利于办案反而会害了当事人。

◆ 主动跟进案件

办案过程中要主动联系办案机关，跟进案件的进展情况，预计案件移送情况，要持续跟进，否则可能错过申请取保、阅卷、开庭等重要时机。

◆ 开庭

阅卷后仔细研究案件情况，听取当事人意见，提出辩护方案，与当事人商议辩护方案。律师依法享有独立辩护的权利，如当事人提出与法律相悖的辩护意见，应拒绝并适当解释说明。准备好质证意见、辩护意见。辩护意见的主要内容包括：

对本案定性的意见和建议，包括有罪无罪、此罪彼罪；本案是否具备自首、立功等法定从轻和减轻处罚的情节；本案是否具备仍待调查的事项；证据是否依法收集，有无应当排除非法证据的情形；如果律师认为对犯罪嫌疑人没有继续羁押的必要，可对变更强制措施提出意见；对本案处理的意见和建议（包括不起诉）；控方证据体系中有无矛盾和漏洞；其他辩护意见。切忌脱离辩护立场，而发表不利于当事人的意见。

第八章

行政业务基本知识

行政诉讼业务是三大类诉讼业务之一，作为律师，即使不办理具体的行政诉讼事务，所从事的法律工作中也会涉及行政处罚等事务，有时也会因办理案件的需要向政府机构申请信息公开、信访等，所以行政程序是必须学习、了解的内容。

行政法律业务包括政府法律顾问、各类行政申请或者备案、行政许可、行政强制、避免行政违规遭受行政处罚、各类行政复议、行政诉讼、民事案件中涉及的行政审批及备案等与行政相关的行民交叉业务。办理行政事务时，同民事案件一样，都要检索实体性、程序性的规定，法理、案例等内容。下面主要介绍行政业务中常见的法律代理工作。

◆ 行政申请

希望从政府处获得许可、备案、审批，或者希望政府作出某行政处理时，需要向有权机构提出申请处理，比较常见的有申请政府信息公开、申请信访、申请集体经济组织成员资格认定、申请办理证照等许可、申请调解土地使用权纠纷、申请确权、申请不动产变更登记、申请社保待遇、申请工伤认定等。申办行政事务前，应明确是否属于行政处理范畴，相应的法律依据是什么，由哪个有权机关办理，之后再提出书面申请。不同的行政事务，申请程序方面可能会有所不同，如果法律条文没有给出明确规定，可以向相关行政机关咨询。遇到行政机关不直接收取申请的情况，可以邮寄的形式申请。

◆ 行政处罚、行政强制等的处理

如果客户面临行政处罚，律师可以指引其收集、整理证据，提出书面意见，提出举证、答辩申请，申请听证等处理，要仔细研究《中华人民共和国行政处罚法》《中华人民共和国行政强制法》的规定。

◆ 行政复议

如果客户对具体行政行为不服，可以在法定期限内提出行政复议，也可不经行政复议直接提起诉讼，但复议前置的案件除外。行政复议的程序要符合《中华人民共和国行政复议法》《中华人民共和国行政复议法实施条例》的规定。

◆ 行政诉讼

如果客户对具体行政行为不服，可以在法定期限内提出行政诉讼。行政诉讼的核心内容同民事诉讼大致相同，主要的区别是，行政诉讼由行政机关承担做出行政行为时有合法依据及证据的举证责任。处理行政复议、行政诉讼尤其要注重申请的时效，信访等行为并非中断起诉的理由。行政诉讼的主要抗辩是行政主体是否有权限、是否履行了法定程序、事实是否清楚、证据是否充分、取证是否合法、适用法律是否正确、是否超越权限、自由裁量权是否适当等。

◆ 行政非诉事务

正面的行政非诉事务包括取得许可、取得审批、申请备案等相关手续，比如指导客户办理土地一级开发市场所需要的相关行政手续，以顺利办理相关许可、批准、不动产登记等相关证照、文件，确保客户的开发、建设行为符合行政相关规定，保证合规。反面的行政非诉事务包括客户遇到行政处罚等措施时，协助客户采取相应的补救措施、应对措施。此外，若担任行政机关的法律顾问，还要处理行政法律事务。

第九章

非诉法律服务

非诉法律服务有很多种，常见的有企业法律顾问，政府法律顾问，刑事合规业务，法律培训，公司融资、上市、并购，尽职调查，城市更新、建设工程全程服务，合同能源管理，股权服务，涉外法律服务，等等，这些都是现今已经比较成熟的业务，可通过加入相应的团队来完整学习。

随着社会和法律的发展，日后肯定还会有更多类型的法律服务，因此，律师要不断学习，要有远见，积极探索。

非诉讼业务的核心工作内容是咨询、审核、起草和提出法律解决方案等，保障合规，不违反法律规定，行为受法律保护，其主要目的是保障交易、防范风险，常见的工作事项包括订立合同、审核合同，完善相关管理制度、提供项目全程法律咨询、提供项目全程所需要的法律文书、根据现实问题提出解决方案等等。

非诉法律服务的基础内容是订立合同，下文着重讲述合同的相关知识。

第一节　合同的基本认识

凡交易，均以签订合同来约定交易双方的权利和义务，合同是交易的总和；合同是交易的指向指引、交易策划、对外承诺、解决问题的方案；合同是交易的工具，是权利、义务、责任的说明书，更是权益的保障书；合同是重要的债权依据文件之一，在日常生活中随处可见。

（1）合同具有法律性。依法签订的合同具有法律约束力，受法律保护，各方均应依约履行，这是合同的基本规定。合法的合同条款具有法律效力，任何一方未依约履行，应按约定或者法律规定承担责任，这是合同的法律地位。

（2）合同的意思具有自治性。主要包括以下三层含义。

第一，双方一致的意思表示。法定范围内当事人的意思自治即合同。在法定范围内，合同有无限种可能，而双方签署的合同条款是双方一致确认的意思表示。

第二，可一致变更的意思表示。签署后的合同条款并非一成不变的，当事人可以进行变更，合同变更后要按变更后的合同条款履行。

第三，平等的意思表示。一份合同怎样签署才能既保障自己的利益又能促成交易，是一个值得探讨的问题，也是我们法律工作者的主要工作。实践中，如果不是绝对优势方，签订合同时要找到双方均可接受的平衡点。这个平衡点不是绝对的公平，而是综合考虑双方的主客地位等因素之后的决定。

第二节 订立合同的注意事项

◆ 合同的适当性

合同应适宜交易，并且具有可操作性，双方可以清晰、明确地按合同履行。合同不具有可操作性，履行合同会亏本或者达不到预期，或者合同履行过程中容易产生争议，造成损失及维权成本高于合同交易利益，或者因违约而陷于被动，造成难以预估的损失等情况，都是根本性不适当的表现。订立合同的时机不当（过早或者过迟），暂不具备履行条件，没有适当地考虑未来发展中可能出现的情况，容易产生分歧，合同没有考虑周全，遗漏重要内容等情况，都是合同不适当的表现。律师起草、审阅、修订合同的目的，就是让合同适宜交易，为交易服务，让双方的交易顺利进行。合同在一开始就要设计得适宜交易，否则一旦发生争议，可能会使双方陷入讼累，造成经济损失，产生不必要的维权成本。

◆ 合同的严谨性

起草、审核合同是一项需要字斟句酌的工作，对于较复杂的合同，其工作之严谨，不亚于诉讼。文字的描述“失之毫厘，谬以千里”，严肃的合同条款也是这样，即便是一字之差，结果也可能不一样。比如以下两句，表达的意思很明显是不一样的——“到期两年后30日内返还”“两年到期后30日内返还”。一份完整的合同应该是一个逻辑严密的作品，从交易开始到结束全程均应考虑在内，像一篇逻辑严密的文章，甚至像一本操作指引完备的书。合同起草要合法，讲究实用，追求严谨、准确、全面，没有分歧，不易混淆，符合双方的交易意向，双方有争议的项目能够消除分歧差距达到双方可接受的平衡状态，同时容易执行、操作，交易成本低，能够将风险考虑在内并控制在一定范围内，有保障，主要的条款不缺失，可能产生争议的事项能够事先拟定，能够考虑到合同履行过程中容易出现的违约、终止等情况，还应考虑当下及未来可能出现的情况等。

◆ 谨防不重视合同工作的思想

起草、审核合同时，如果有一些不当的想法，比如觉得不好意思、嫌麻烦，或者认为对方是君子不会违约，等等，导致忽视了合同本身应有的一些特点，所订的合同的作用可能大打折扣，甚至产生不良效果。专业律师一定要重视合同工作的思想。律师起草的合同，要能够达到预期的目的，要全面了解，仔细斟酌，使合同具有保障性。

◆ 适宜客户

起草合同还要考虑方便交易、方便阅读、方便促成交易、适宜交易。如果是小型交易，数十页的合同可能就不太适合，这属于把简单的事情复杂化，委托人自然也无法接受。此外，还要考虑客户的风格、客户的使用场合，客户的交易是否面向普通大众，客户并非优势方等情况，然后有针对性地起草适宜客户的合同。切忌闭门造车，否则，所起草的合同可能根本不符合客户的实际情况。

◆ 合同的平衡性

需要注意的是，总是将交易的一方保护起来，过分强调其中一方的权益，忽视对方，严重失去平衡，会导致双方交易无法达成，有破坏交易之嫌。但是，该争取的、能争取的利益也要尽量争取，尽量在对方能接受的情况下为客户争取最大的权益，不要轻易让步，一定要坚守客户的底线。

◆ 合同的针对性

有很多合同版本可以参考，但是不能照抄，否则可能会闹笑话，比如两个新疆人在网上下载了一份合同，约定出现纠纷时竟然是由广州仲裁委员会管辖，这并非合同双方本意，而是签订合同时没有修改管辖条款，以致出现这种不可思议的事。每一份合同，都要有针对性，要针对特定主体的特定交易事项进行拟定，确保与特定交易相适应，而不能照搬以往条款。

◆ 合同的动态性

有关合同的知识点很多，主要有交易背景调查、谈判、合意、合同起草、审查、签署、动态管理、突发情况处理、监督履行、归档，等等。很多人往往忽视动态管理，以为签署合同后就一劳永逸，律师要提示客户动态管理，从洽谈、签约、履行到终结全程都要保留相应的证据，做到有备无患，这样即使出现纠纷，也具有优势。

第三节　合同的种类

《中华人民共和国合同法》[①]规定了15种有名合同：第九章买卖合同，第十章供用电、水、气、热力合同，第十一章赠与合同，第十二章借款合同，第十三章租赁合同，第十四章融资租赁合同，第十五章承揽合同，第十六章建设工程合同，第十七章运输合同，第十八章技术合同，第十九章保管合同，第二十章仓储合同，第二十一章委托合同，第二十二章行纪合同，第二十三章居间合同。

《中华人民共和国民法典》（第三编第二分编　典型合同）规定了18种典型合同：第九章买卖合同，第十章供用电、水、气、热力合同，第十一章赠与合同，第十二章借款合同，第十三章保证合同，第十四章租赁合同，第十五章融资租赁合同，第十六章保理合同，第十七章承揽合同，第十八章建设工程合同，第十九章运输合同（客运合同、货运合同、多式联运合同），第二十章技术合同（技术开发合同、技术转让合同

---

① 2020年5月28日，十三届全国人大三次会议表决通过了《中华人民共和国民法典》，自2021年1月1日起施行。《中华人民共和国合同法》同时废止。

介合同，第二十七章合伙合同。

除此以外，还有很多常见的合同，如预约合同、债权转让合同、债务加入合同、悬赏广告合同、拍卖合同、建设用地使用权合同、探矿权转让合同、采矿权转让合同、房地产开发经营合同、排污权交易合同、保管合同、借用合同、农业承包合同、居住权合同、服务合同、演出合同、劳务合同、广告合同、展览合同等。部分合同属于无名合同，可参照相应的有名合同及合同通则来认定。

第四节 起草、审核合同的流程

起草合同前，要先了解交易背景、客户的目的，了解双方的意见和交易的高发风险，以及当事人以往有没有纠纷，还要对双方进行一定的调查，掌握全面的相关信息、可以预见的事先约定。起草初稿后，与当事人交流是否合适，根据当事人的意见补充、修改完善。定稿前要多次审查内容是否有误，能否达到当事人的目的，能不能更好地进行描述，能不能让双方更容易接受，以及格式是否美观。很多人不善于征求客户意见，随便拿一个版本就交差，显然是没有做足功课。

起草合同时，可以参考建设工程合同的指导合同文本，其有两三百条，有上百页书那么厚，其中不乏可借鉴之处。此外，合同要符合相关格式要求，排版要美观。

◆ 了解客户签订合同的目的

要全面了解交易背景、交易主体、交易标的、交易目的、交易流程、交易的相关细节，合同的要求、当事人的需求、双方洽谈合作的意向，以及当事人有无参考版本、要简易合同还是复杂完备的合同、是真实交易的合同还是只用于备案的合同、有没有相关的证据资料，或者双方在开展该项业务之前有无订立相关的合同及相关合同的履行情况，客户是否处于优势地位、客户的交易作风、客户期望的合同形式，以及客户的重点诉求是什么、客户在合同中有没有特殊要求。要准确了解客户的意向，如果没有弄清，一定要先问明白，不要在一知半解的情况下起草合同。当然，有时候只能了解大概意思，此时可以先着手工作，在工作过程中再补充了解，逐步全面了解相关细节。有时候客户的交易要经过多轮谈判才能达成，要将每次洽谈的重要内容记录下来，以免遗忘。要了解这些信息，除了主动提问，没有其他好办法。如果没有了解清楚细节问题就想写好一份合同，就像中彩票一样难。

◆ 坚守客户的立场

要知道客户的目的，为客户着想，坚守客户的立场、底线，在能够达到合同目的的情况下，尽可能地维护客户方的合法权益。

◆ 遵循谨慎性原则

了解该类交易的高发风险、当事人以往有没有类似纠纷、该类业务常见的法律风险。也要对对方进行一定的调查，确定是否为真实交易，对方有无签约资格、有无相应的交易资质、有无处分权，以及对方的资信状况，以做到知己知彼。其他要调查了解的情况，还有房屋交易合同的查册、购房资格、银行贷款资格等。

◆ 法律检索

为保障合同的合法性，要对交易事项进行法律检索，找出相关的法律规定，确保交易合法。还要审阅这类合同的相关法律规定，尤其是可自由约定的、对客户有利的内容，要在合同中进行明确约定，使合同约定合规、全面、有保障，比如担保合同要特别约定保证的方式，抵押合同要有不动产要登记才能生效，公司担保有特殊的规定。如果有条件，还要查阅该交易的相关判决，以了解实践中常见的风险。有些细节条款，比如客户要求明显过高的违约金，如果客户不同意调整，可以保留，但是要告知客户有触碰法律底线的风险。客户的不合理要求是不受法律保护的，会导致合同无效等法律后果，而没有行政处罚、刑事风险等情况。我们要向客户提示风险，这些主要属于商业风险的范畴，由客户自行决定。法律合规性是必须坚守的，我们对所有法律风险都要作出提示，要坚持专业分析，告知专业意见，至于客户如何决断，并非我们所能左右。

◆ 起草初稿

可以参照现有模板，也可以专门起草。合同要围绕客户的目的进行起草，将交易的相关细节考虑在内，确保具有可操作性，并且能够达到客户的目的要求。我们还要进行模拟思考，动态推演整个交易过程中按合同履行可能会发生的情况，想象这份合同履行过程中可能出现的对客户不利的种种情况，事先做好相应的安排。起草过程中，律师可以提一些专业性的建议，比如客户没有考虑到的一些法律问题，可增加对客户更有利的条款，询问客户合同中对方可能不接受的条款是否要删除，新增可能不是双方的共同意思表示的条款。律师也要提示按客户的意思或者对方的版本存在的相关风险，建议客户重新谈判、协商，告知客户仍可向对方争取的条款，比如没有收到货而先支付全款，装修合同不约定分期付款，没有约定违约责任，诉讼要在对方所在地进行，代价过大，违约责任比较大，等等，并告知客户该合同只是初稿，可根据情况反复进行修改，如有修改、补充，可以随时提出。有些重要的交易，可以准备一两套可能用得到的合同方案，有方案才有说服力，才能提高交易成功的概率。起草初稿，要讲究效率，不能久拖不决，否则客户会不耐烦，也可能导致错过交易时机。起草的协议要保证客户方能够履行，不要设定客户无法履行的条款，或者客户很容易违约的条款。

◆ 协助谈判

必要时，我们可以协助客户参与交易谈判，以深入了解双方的真实想法、意思表示，协助客户争取到更大的利益。

◆ 完善合同

在完成初稿后，我们要根据客户的意见、对方反馈的意见，相应地补充、修改、完善合同，以达到双方都能接受的程度，以及符合双方的一致意思。对于比较复杂的合同，没有人能一次性敲定，都要经历一个反复沟通、反复修改的过程，我们要有一定的思想准备。

◆ 定稿

再次审查是否有需要修改的地方，对合同的格式、排版进行调整，将合同再校对一遍，然后定稿交付。

◆ 动态管理

合同签署后，要收集、保留签约前的交流、签约、履行等全部过程的相关证据，留意出现的情况。

修改的内容要特别标示出来，方便客户知道何处有修改，以提高阅读效率。必要时，我们可以出具一份修改说明或修改合同意见书，让客户一目了然。

第五节　合同的构成

合同主要由封面、首部、目录、正文、尾部、页码等内容构成，是一个整体，要做到有头有尾、好用好看。即便合同内容已经写得很实用，专业律师也可以运用一些美学知识，将合同加工得更精致、更美观。此外，还可以为每一份交易合同建档。

常见的合同构成有以下内容：

1. 封面。可以自行设计。

2. 编号。方便归档、检索。

3. 名称。要起一个归纳性较强的名字，比如前文所述的十几个有名合同。

4. 目录。可有可无，如果内容相对较多，目录有助于检索；如果内容不多，添加目录则显得累赘。

5. 当事人名称。提示准确的当事人信息。

6. 合同的首部。如同一本书的前言一样。

7. 合同的正文。正文是核心内容。合同的正文有多种样式，比如分章排列；突出小标题；分为几部分、每部分再分章节等。

8. 合同的尾部。主要是签署页。

9. 合同的页码。页数较多的合同，不要忘记标页码。

10. 附件。包括一些主体资料、账号、交易标的信息等等。这些内容如果放在正文会显得很不协调，所以放在附件当中。

关于合同封面的示例，可以在住建部的官网下载一份《建设项目工程总承包合同》作为参考。日常工作中看到优秀的合同条款、合同样式也可以摘录下来。

第六节　合同的一般条款

所有合同都是由条款组成的，任何合同都可以拆分为某几类合同条款，我们要熟悉常见的合同条款，并且能够加以运用。我们可以将日常工作中接触到的优秀的合同文本、典型的合同条款分类摘录下来，建立自己的合同条款库，这样可以提高工作效率。

《中华人民共和国民法典》第四百七十条“合同的内容由当事人约定，一般包括下列条款：（一）当事人的姓名或者名称和住所；（二）标的；（三）数量；（四）质量；（五）价款或者报酬；（六）履行期限、地点和方式；（七）违约责任；（八）解决争议的方法。当事人可以参照各类合同的示范文本订立合同。”这是以法律形式确定的合同条款，属于基本的、一般性的合同条款，但不是强制性的条款。合同主要是合意，是当事人的意思自治，所以还可以有很多条款，但是基本条款都由上述八条演变而来。

合同的一般条款，是合同内容的高度概括，起草、审阅、修改合同，都要围绕这些基本条款来展开，我们要熟悉合同的一般条款及其主要内容。

（一）当事人的姓名或者名称和住所。核心内容是主体身份确定，常见的错误是自然人不写身份证相关信息、签名与身份证上的名字不一致、盖章与注册登记不一致，甚至有使用绰号、简称、曾用名等情况，导致主体存疑。在主体信息中写明联系地址、联系方式等信息，也是规范性的体现。

（二）标的。合同标的是核心条款，合同标的要具体明确，不应存在分歧、争议，最好具体明确到没有任何变动的空间，确保百分之百确定。

（三）数量。数量是多少的问题，也要明确约定，不要使用“一包”“一箱”等不确定的词语。关于数量问题，还要考虑验收、对账等闭环因素。

（四）质量。包括设计质量标准、如何验收、质量异议的期限和方式、样品封存等相关条款。

（五）价款或者报酬。价格问题要约定清楚，力求能够准确计量，并且要明确约定支付时间、支付方式，涉外业务还要约定币种。另外，单价是否含税，是否含运费、包装费、材料费、其他费用等，也要约定清楚。

（六）履行期限、地点和方式。具体怎么履行相关条款，要根据实际情况而定，要约定清楚、可执行，以免出现争议，比如货物是自提还是送货上门、何时交付、如何包装等。

（七）违约责任。违约责任就是违约应如何处理，如果对方容易违约，则一定要事先约定好违约责任，以免对方轻易违约。没有违约责任条款，合同就不具有震慑力。

（八）解决争议的方法。出现争议时，解决争议的方法包括协商、调解、仲裁、诉讼等。

合同的一般条款是基础性条款，一份合同如果具备上述一般条款，就属于比较完善的合同。在实践中，具体运用合同有很大的学问。除此以外，合同还可以创设更多的合同条款，但要因人而异、因事而异，有针对性地予以设定。

第七节　合同的常见条款

合同正文的条款可以分为几大类，主要内容是上一节所述八个一般条款。合同条款可以多种多样，在合法的范围内可自由设定。常见的合同条款有当事人信息、交易背景、交易目的、法律依据、标的、数量、质量、价款或者报酬、履行方式、履行地点和期限、各方的权利义务、陈述保证和承诺、担保条款、违约责任、合同解除和终止、合同的生效条件、不可抗力、保密、合同修改、通知、送达、争议解决、法律适用、未尽事宜、合同正副本份数、合同签订时间、合同生效时间、合同签订地、合同附件等等。

在实际交易中，还有很多条款要根据实际需要来设定，这就要求我们发挥聪明才智来思考、创造。

熟悉合同的常用条款，才能高效起草、审阅合同。“凡操千曲而后晓声，观千剑而后识器。”处处皆学问，我们只有多参阅、积累一些优秀的合同文本、条款，才能做好合同的起草、审阅工作。

在日常工作中，我们要把优秀的合同条款进行分类整理，这样经过长期的积累，起草合同就会比较容易，在设定一些特定的条款时，就可以从积累的优秀条款中查找，如此，工作效率也会更高。

◆ 合同当事人条款

合同的当事人，包括法人、自然人和其他组织。关于合同当事人条款，我们最基本的工作是审核相关证照，另外，一些内部机构比如财务部门，不宜作为合同主体。要将相关体现身份信息的证照复印下来。如果是授权签署的，要有授权人的相关授权、主体信息。注意合同当事人必须是有行为能力的主体，并且该主体要有合法的身份。

◆ 鉴于条款/说明条款

该条款主要是介绍交易的背景情况，可以简练一些，让人一读就清楚为何签署合同。另外，其还包括一些交易期望，比如诚信、互利等。在某些情况下，合同的鉴于条款，可能会涉及合同目的的认定，如果合同关系到第三方的交易，就可以在交易背景中说明，如果日后对方违约，可作为判断的一种依据。

◆ 定义条款

有些交易的专业性强，或者所涉及词语有多种解释，这时需要对一些特定的术语、名词、多义词加以解释，将其限定在一定范围内。定义可以在特定条款中专门定义，如果要定义的词语较多，可以集中放于首部或是尾部，这样排版更为美观。

◆ 陈述和担保条款

对于一些对方陈述的、承诺的事实，客户可能不完全清楚，可以在合同中要求对方将承诺的事实写入合同条款，必要时，还可以让对方出具声明作为附件。

◆ 标的条款

合同标的是核心条款，是法律关系的核心内容，也是权利义务指向的对象，决定了合同的性质。标的条款要清楚、准确、确定，并且可以履行。标的要合法有效。

◆ 质量和数量条款

质量是指何种质量标准、包装标准、国家标准、地方标准、行业标准、通用标准、特别约定的标准、定制的标准等。

数量，就是重量、面积、长、宽、个数多少等问题。数量要具体约定，能够计量。

◆ 价款或者报酬

该条款就是说明如何计算对价，包括标的本身的价格，以及是否包含税费、加工费、辅助器材费、安装费、运输费、保管费、手续费等相关费用。价款设定比较常见的问题是价格波动，比如水泥、钢筋可能没有固定价格，我们要对这些动态的情况有所了解。

◆ 具体业务条款

每份合同的具体业务条款都是关键内容，可确保整个流程能够顺利进行，比如借款合同约定的借款用途、利息、资金使用监督等条款，这些条款的约定要具有可操作性，可以争取约定对客户有利的事项。

◆ 履行方式、地点和期限条款

该条款是指怎么履行的问题，以工程合同为例，包括承包方式、入场时间、施工计划、工期、窝工、工程地点、结算周期等等。比如要约定付款方式，现金付款还是票据付款。

只有非常熟悉业务流程，才能起草好这一条款。起草该条款时要特别注意，条款要具体、明确且容易执行，如果期限不明确，可能执行起来就遥遥无期，要给客户留有比较宽裕的处理时间。要动态思考，将一些可能的、突发的、意外的因素考虑在内，比如工程的窝工、变更等因素，因对方的原因导致无法履行时如何处理等。

◆ 双方权利义务条款

当事人权利义务条款有时候散见于合同，有时候专门集中在某一条款中。

义务条款也是重要内容，不要设定自己无法履行的义务，以免违约。总之，律师要非常清楚客户的义务，要在客户可控范围之内设定义务条款。

有关客户的权利，要在能够促成双方交易的前提下尽可能多地争取。

关于对方的义务，也要有针对性地进行设定，要将对方需要履行的最基本事项约定清楚，这是确保合同能够顺利履行的关键。如果没有约定，客户要求对方做某事时，就没有依据。签约后如果再想补充约定对方的义务，就非常困难了。对于对方很可能逃避的责任，要特别约定。特殊情况下，为了保障交易，可提出当对方达到特定条件时，客户才履行义务的要求。对于对方没有尽到义务的，我们在合同中要尽量约定解决方案。

◆ 合同的解除、终止条款

合同的解除、终止有法定或者约定的方式，可以在合同中约定合同解除、终止的情形。尤其要约定对方出现履约风险的情况，客户有权解除合同，避免遭受损失。

◆ 知识产权条款、保密条款

知识产权条款一般包括知识产权的种类、归属、许可使用方式和范围、知识产权侵权赔偿、禁止没有经过授权而使用他人知识产权等内容。

保密条款，是要求对方在合作过程中对一些商业秘密进行保密，以及约定泄密的责任。可以保密条款、保密协议、单方保密承诺等方式进行约定。

◆ 担保条款

包括担保人身份信息、担保期限、担保范围、担保方式等相关内容，可以担保承诺书、担保协议等形式进行约定。

◆ 违约责任条款

违约责任条款是一种假想的事先设置，一旦违约，就要承担法律责任，能够约束对方及时、全面履行合同，老老实实履行义务，不敢怠慢、钻空子。

违约责任有法定的，也有约定的，约定的违约责任是法律规定的违约责任的补充。如果没有约定违约责任，就难以追究对方除法律规定以外的责任。

要区分一般违约和根本违约的约定。违约责任不可过大，否则会导致合同难以签署；也不可过小，以免对方敢于任性违约。

对于客户一方应承担的违约责任，要特别注意提示客户，何种行为是违约行为，争取将违约责任去除、减免、降低，也可以考虑设定一个上限。

常见的违约责任包括赔偿损失、违约金、赔偿金、滞纳金、维权费、担保费等实现债权的费用。

◆ 不可抗力条款、情事变更条款

不可抗力是指签署合同时不能预见、不能避免、不能克服，且导致合同全部或者部分不能履行或者不能按时履行的客观情况，包括政府行为、自然灾害、社会异常事件等。如果存在上述情况，要考虑约定在内。

情事变更，也要根据合同交易的情况事先约定在内，以避免发生争议。

◆ 法律适用、争议解决条款

出现纠纷后，通常通过协商、调解、仲裁、诉讼来处理。仲裁条款要约定具体的仲裁委员会。

◆ 通知和送达条款

主要是指定联系人、联系方式、变更联系方式的通知、约定的送达地址可作为诉讼送达地址等。

◆ 兜底性的限定义务条款

一般而言，合同会约定明确的义务，但有时担心约定不够明确，会在合同中特别约定：除合同明确规定的义务、责任之外，对方不得要求额外履行其他义务。比如，我们的法律服务合同，客户除了支付约定的律师费，无须再向事务所支付其他费用；又如装修合同，除了约定的工程款，无须再支付其他费用。

◆ 附条件合同条款

部分合同附有生效条件、解除条件条款，在约定的情形下才会生效。

◆ 其他相关条款

其他相关条款根据各项交易的特点，针对具体情况来约定。合同是意思自治，在不违法的前提下可以双方自由约定，可以在合法的范围内约定利己条款。比如，交易中一些特别重要的事项，要进行专门约定，如常见的诚意金、定金、保证金，租赁合同中常见的收取进场费、约定可以留置、对方怠于履约在约定中将一些义务“甩”给另一方，等等。

◆ 其他条款、附则

此外，还可以约定合同文本份数、清洁文本条款、签约方式（如网络签约、复印件签约等）、合同解释、多文字版本争议蓝本、合同签订地条款、签约时间、生效时间、签署方式等等。

◆ 合同尾部

合同尾部是签署页，一般包括名称、签约人、签约代表、盖章、联系方式、签署时间等，部分还会将银行账户等信息写在合同尾部。

◆ 合同附件

主要是罗列一些合同相关的文件。

第八节　合同审核

合同审核的相关内容，与合同起草的内容大致相同，包括审核合同是否合法，是否约定全面，能否顺利履行，能否达到客户的目的，风险是否可控，可否约定得更完善，当事人名称是否准确，有没有歧义、别字、相互矛盾、过于啰唆的内容，逻辑顺序是否便于阅读，等等。下面重点介绍主要审核内容。

◆ 合法性审查

合法性审查，即审查合同是否合法，是否符合法律法规的规定，对于法律规定的自由约定事项有没有约定在内。合法性是合同成立的基础、前提。合法性审查主要审查主体、签约人员权限、签署印章、有无资质、有无相应的许可、是否具备约定的生效条件、履约能力情况等。另外，还要审查一些格式条款是否已履行了提示、说明、解释的义务。

◆ 可操作性审查

审查约定的内容是否全面，能否全面履行，约定是否明确、有无争议，可否具体操作，能否达到客户的交易目的。可以从头到尾模拟、设想一下，按该约定合同能不能顺利履行；约定是不是清晰、具体、明确，有没有争议；客户的义务有哪些，客户能不能履行这些义务；如果对方的履约能力出现问题的话有没有约定如何处理；如果出现突发情况导致合同无法履行该如何处理；对于对方不履行义务，有没有约定解决方案；合同约定的权利义务是否失衡；仲裁条款是否合法；是否需要约定维权费用承担；等等。另外，还要考虑审阅、修改后，对方能不能接受，如果对方根本不接受，所做的修改工作就是无用功。

◆ 履约风险的审查

主要审查合同的法律风险、商业风险，能否保障交易安全，以及是否在可控范围内；合同约定的交易方式是否风险过大，有没有更好的解决方案；对于可能发生风险的情况，有没有考虑控制措施；客户的风险是否较大；对方的义务是否明确；对方的违约风险是否过大；等等。

◆ 其他审查

审查合同有无错别字、格式是否美观、是否符合当事人风格、是否适用于该交易的场合、有无其他不适宜的情形等。

合同审查后要提示修改了哪些内容，为审阅者节省时间。

第九节 合同全程管理、动态管理

签约后要考虑准备履行的事宜，这属于合同管理的范畴。合同管理，主要是沟通交易细节，让双方按合同履行，达成交易目的。律师的主要工作是提示客户进行合同全程管理，从洽谈、签约、履约、变更、结算到结案的全过程，注意保留相关证据。一份合同，从签约到履行再到交易结束，可能历经时间较长，其间变数较多，影响因素也比较多，所以要有合同管理意识，对合同进行动态管理、全程管理，并且要建立相应的档案。

合同履行完毕后，可能还会发生纠纷，所以相关档案资料要长期保存，至少要保存到诉讼时效结束之后。

合同管理中的主要工作内容如下所述。

◆ 形成证据链

及时收集合同履行过程中的相关证据，尤其是合同履行情况、客户履约情况、客户的核心利益等重要事项，比如买卖合同中的订货、送货、价格文件、发票签收、对账、催款等，要形成一个清晰的证据链。

◆ 全面履行合同义务，实现合同目的

合同管理的目的在于使合同顺利履行，获得相应的利益。合同签署后，要做好履行的准备，同时与对方保持良好的沟通，不仅己方要全面履行合同义务，也要留意对方的动态，共同努力，使合同的目的能够顺利实现。

◆ 谨防违约，留意对方是否违约

客户一方首先要全面履约，谨防做出违约行为，给对方留下违约把柄。留意对方是否有违约情形，如果发现对方违约，应及时沟通处理，督促对方及时按合同履行义务，并且保留相应的证据。如果对方严重违约，就要提示客户依法依约采取止损措施。

◆ 处理突发、异常情况

对于突发情况，要有针对性地采取补救措施，并且保留相关证据。如果对方出现不按规范盖章、签字等情况，要及时沟通补救，比如自然人不提供身份证号码或者身份证复印件、不提供配套文件、职工没有授权而盖章等情况。对于异常情况也要加以注意，比如合同履行过程中，货不对版而直接使用，签字、盖章的主体突然发生变化，与原合同不一致等。对于合同增加、变更等情况，要注意留存能够证明的证据。

◆ 注意行使权利期限

注意撤销权的行使期限、合同约定的验收期限、异议期限

以及合同约定的其他期限，在法律规定或者约定的期限内履行相应义务。对于一些旧账、烂账等，要注意在诉讼时效内采取措施，以中断诉讼时效，并且保留证据。

◆ 保留整个合同的履行档案

对于每一宗交易，都要建档并长期保留，以保障在发生诉讼或者进行清算时有相应的证据支持。

合同履行过程中，如出现一些没有意料到的问题，产生了新的纠纷，或者发现存在漏洞缺陷，要有意识地加以弥补，避免类似情况再次发生。

第十章

常见律师业务

律师可以从事哪些业务呢？可以说，法律规制的范围有多广，律师的业务范围就有多广。律师业务以法律业务为主，同时还可以拓展很多相关的业务，比如财富传承法律业务。其市场前景是很广阔的，有传统业务市场、蓝海市场，还有未来待开发市场。

律师业务一般分为诉讼业务和非诉讼业务两大类。其中，诉讼业务分为民事诉讼、行政诉讼、刑事诉讼三大类。民事诉讼业务包括民事仲裁（商事仲裁）、劳动仲裁、民事诉讼（包括保全、一审、二审、再审、执行、申诉）。行政诉讼业务包括行政复议、行政诉讼（包括一审、二审、再审）。刑事诉讼业务包括刑事诉讼（包括侦查、移送审查起诉、一审、二审、再审、申诉、国家赔偿）、刑事附带民事诉讼等。民事诉讼类业务又可以根据争议纠纷的类型进行划分，详见民事诉讼案由的相关规定；行政诉讼亦然；刑事诉讼可以按罪名来划分，详见《中华人民共和国刑法》的相关规定。此外，还有一些行政申请业务、国家赔偿业务等相关法律事务。

非诉讼业务，一般是指不通过诉讼办理的业务，范围极为广泛。办理非诉讼业务，往往可能伴有诉讼业务。

常见的民事诉讼类业务主要包括各类合同纠纷（包括普通买卖合同、房屋买卖合同、民间借贷合同、金融借贷合同、建设工程合同、运输合同、承揽合同、合伙合同、保险合同、物业服务合同、租赁合同等），侵权赔偿纠纷（包括交通事故、医疗事故、公共场所管理人责任纠纷、提供劳务者受害责任纠纷、生命权纠纷、健康权纠纷等），劳动纠纷（包括确认劳动关系、劳动待遇、社保待遇、工伤、职业病等），婚姻家庭纠纷（包括离婚纠纷、抚养权纠纷、离婚后财产纠纷、继承纠纷等），物权纠纷（包括所有权、用益物权、相邻权、宅基地使用权、居住权等），公司相关的纠纷（包括股东知情权、分红权、股权转让等），知识产权纠纷（包括商标、专利、著作权许可、转让、侵权、商号、不正当竞争等），房屋拆迁纠纷，等等，详见民事诉讼案由的相关规定。

常见的刑事诉讼业务主要包括盗窃、抢劫、强奸、开设赌场、赌博、容留他人卖淫、贩毒、诈骗、聚众斗殴、故意毁坏财物、故意伤害、故意杀人、寻衅滋事、职务侵占等等。

常见的行政诉讼业务主要包括行政处罚、行政许可、行政不作为、行政强制等具体行政行为引发的行政复议、行政诉讼等，比如安全生产罚款、交通执法罚款、行政拘留等，详见行政诉讼案由的相关规定。

常见的非诉讼法律业务主要包括公司、企业、私人法律顾问，事业单位等其他组织法律顾问，政府法律顾问、专项法律服务、涉外法律服务项目等。比如房地产开发项目，房地产项目中的立项、审批、尽职调查、土地使用权招标、拍卖、挂牌、土地使用权的取得、开发建设、施工、监理、预售、验收、销售及融资、商品房销售见证、投资、担保、征收、拆迁、安置等全程法律服务，以及处理与之相应的诉讼事务。另外，还有业主委员会设立项目、公司知识产权专项法律服务、烂尾楼处理全程法律服务、城市更新改造法律项目、劳动制度专项法律服务、股权专项法律服务、不良资产处置、企业破产项目、企业重整业务、担任破产管理人、企业并购业务、企业上市、税务服务、刑事合规、商业谈判、项目策划、合同新能源管理等等。项目性的法律事务涉及的内容繁多，需下功夫、花时间，多请教前辈，在实践中逐渐掌握。

此外，也有一些同行从事最基本的法律咨询、法律文书代书、信息查询、培训、出售课件、法律宣传等细小的事务，以普惠大众。

现今的发展趋势是行业性法律服务需求不断增长，比如银行、基金、保险、证券、电信、石油与天然气、采矿、电力、交通、汽车、机械、电子、冶金、化工、医药、建筑、轻纺、航空、外贸、消费品、商业流通、房地产、港口、酒店、工业园、信息技术与互联网、物流、体育、娱乐、多媒体、环保、能源、生物科技、制药、外商投资、国际贸易等相关行业。如果我们对该行业不甚了解，就难以高效、优质地提供法律服务。

每一类业务，无论诉讼业务还是非诉讼业务，都是一个可以深耕的领域，比如劳动纠纷包括劳动合同的订立、劳动规章管理制度的制定、工资待遇制度、不签合同二倍工资赔偿、拖欠工资、拖欠加班费、拖欠年休假工资、用人单位非法解除劳动合同、未办理社保赔偿、补办社保、工伤认定申请、劳动能力鉴定、工伤行政复议、工伤行政诉讼、工伤待遇仲裁、职业病索赔等，其中任何一个分支都有着非常系统性的知识，如关于工伤就具有一系列复杂的相关规定。简言之，单单是劳动法律事务，将其相关知识整理出来也是鸿篇巨著，要花费很长时间去研究，才能系统掌握相关知识。其他法律事务也是如此，律师要深入学习该领域的系统性知识，才能应对复杂的情况。

对于具体从事何种法律业务，要从自身实际出发，结合自身的资源、能力、条件、兴趣和当地的市场环境等进行综合考虑。

部分同行在传统法律领域服务到位，做得相当不错；部分同行已走上了一条专业化的职业道路。传统的法律服务行业竞争激烈，越专业化的领域，准入门槛越高，如果我们能够坚持一直在某个领域深耕，做到更深入、更专业，市场竞争力也会更大。

第十一章

案件营销

学校的专业化学习主要是系统地学习法律知识，对于法律服务市场的相关知识涉及较少。如果你想成为一个比较独立的法律人，法律专业技能将会是你的一条腿，而营销推广获客等能力就是你的另一条腿，所以业务能力也是律师的重要能力，这种能力是需要刻意培养的。

专业出色者与业务出色者的合作是一种绝佳的组合。但是大多数人可能需要花费很长一段时间来锻炼专业能力、业务能力，既要学好法律知识，也要提升业务技能。如果不重视业务拓展能力，那么连生存都成问题。

作为一名律师，要有敏锐的市场意识，以市场上存在的问题为导向，以客户的需求为落脚点，了解客户的需求和客户遇到的具体问题。

律师要有提升市场推广能力的意识，并不断学习、总结。很多同行运用各种营销手段进行营销推广，利用各种社会关系拓展业务，比如做网站，运营微博、微信公众号，拍摄短视频，做直播，办期刊，深入社区，做平台，培训、讲课，跨界服务，持续创作法律产品，著书立说，等等，与营销及专业管理人员合作，敏锐抓住新机遇，开发新市场，做涉外业务，在专业领域不断深耕并积累资源。

律师是专业的法律工作者，不仅要专业，而且要让人看得见你的专业，形成自己的品牌，形成自己的专业优势竞争力。这是一个漫长的过程。

律师在提升自身专业能力的同时，也要主动思考如何拓展业务，让更多人知道你是律师，提高知名度，同时还要注重口碑，以诚相待，脚踏实地，办好细小的法律服务，办好每一个小案，提供等价的服务，赢得人心，尽力服务好客户，努力超越客户期望，慢慢建立自己的忠实客户群。

要注重锻炼洽谈业务的技能，如沟通的技巧、约见拜访的技巧、谈案的技巧、签约谈判的技巧、维护客户的技巧、扩大业务影响力的技巧、进一步发掘客户需求的技巧，努力形成自己的谈判方案的技巧，提升与谈案接案有关的技能。

在拓展业务的过程中，行事要诚信、光明磊落，真诚相待，合理收费，相信精诚所至，金石为开。

律师也要认识到行业竞争的激烈性，努力提升自己的竞争力，做好服务，维系好客户，付出自己最大的努力。要敢于不断地去尝试并付诸行动，这样才会有所收获，才能锻炼自己的能力，才能闯出一条属于自己的路。

第十二章

经验之谈

我们在工作中要注意总结，这样才能提升自己，才能避免再次出错，才能让自己的知识体系、技能更完善。

作为律师，一定要养成定期总结的习惯。

◆ 寄快递的故事

委托人A公司负责管理公章的股东被迫签署了一些授权收款的文件。律师得知后，建议其立即报案并采取告知债务人、寄送声明等处理措施。其中，A公司在寄快递时像往常一样，在确认送达后打印签收记录。但之后A公司的债务人依旧恶意根据授权付款。A公司提起撤销之诉，诉中A公司的债务人竟然表示没有收到过快递。为了还原事实，A公司对送达情况补办了公证。

在寄送重要函件的时候，不能掉以轻心，越是重要的函件，越是要以最保守的方式处理，特别重要的宜应以最严格的方式送达，如重症要下猛药一样，重要的事情要特殊处理，做到滴水不漏。

◆ 刺头客户是你的老师

遇到难缠、不讲理的客户，其实也不是一件坏事。遇到这种情况，你要学会与其沟通，尤其是要找到他们能接受的沟通方式，这个过程能锻炼你的沟通技巧，要做到不争不怒，不激化矛盾；耐心和气解释，化解误会及怨恨；把事情办好，主动汇报，避免出现办案过错、失误。

◆ 坚守你的专业

一个买卖合同纠纷案中，客户委托律师追讨货款，但只提供了增值税专用发票，并且不愿意再提供其他资料，客户表示其他律师告知其只要有发票就可以起诉。律师口头告知客户风险告知书、证据收集通知书并详细解读后，让客户签字确认，但客户仍拒绝提供，并要求直接起诉。律师的工作已做到位，可以视为客户不能自行承担诉讼风险。但是，律师还是耐心地做了说服工作，最终客户如实说明自己只是代开发票，债权人不便起诉。律师向客户提出了债权转让、让债权人确认是客户生产的权益归客户所有的方案。最后按律师提供的方案组织证据，获得了胜诉。

这种客户自以为是、心存侥幸、不配合工作，对此，我们要花更多心思，有更多耐心。在明知可补救，且仍有机会补充证据的情况下，如果律师自认为已经把风险告知了客户，客户自担风险而怠于举证，而律师也不再督促客户补充证据，坚持按专业的标准要求客户补充资料，那么律师在专业上是失德的。

◆ 我的法规库

现在检索法律法规很方便，但是很多律师一个礼拜可能要针对同一部法律检索好几次。可以将同类法律法规整理成一个文档，要用的时候随时打开。比如民事诉讼法律法规，应将民诉法、民诉法司法解释、民事诉讼证据规定、各类程序性的司法解释、司法文件、执行相关的规定等，集中整理出来，这样做的好处有三点：第一，建立诉讼法体系，知道自上而下的规定、该问题的规定；第二，避免重复检索，节省时间，方便检索；第三，知道相关规定的修改时间。

律师要掌握知识管理的技巧，要有意识地坚持点滴积累，总有一天能够分门别类地把某一领域的知识比较全面地积累下来，这种积累对律师的工作大有裨益。如果律师没有这种意识，工作效率可能会低一些，认识也没那么全面，用到相关知识的时候，还得费力重新去检索、研究。

◆ 办一案会一类

同类案件，要准备的内容基本是一样的，律师办一个案件可能已接触到与这类案件有关的七八成的知识。如果再用点功，继续学习、总结，就可以掌握该类案件的全部法律知识。

如果多下一点功夫，足以达到办一案会一类案的效果。比如，办理人身损害赔偿的案件涉及近20项赔偿项目，需要一一找到相应的法律规定，再检索相关案件，理论结合实际，将核心知识点总结出来，再遇到这一类案件的时候，便可以应付自如。又如，办理劳动争议案件，也可将相应的风险点梳理出来，这样会形成一个系统认识，而不是只知道零散的一小部分知识。

◆ 要有独立的意见

曾有一个案件，弟弟起诉姐姐，姐姐委托律师代理。姐姐表示要全部否认弟弟陈述的事实。经律师分析，如果按客户的思路答辩，否认基本事实，在证据（法律）上行不通，在道德情感上也会处于不利地位，不仅诉讼可能会败诉，还会影响姐弟感情，导致姐弟矛盾加剧，难以修复，因此，律师建议客户慎重考虑。

律师不免会遇到一些有不正当期望的客户、冲动作出决策的客户、提出不道德方案的客户、价值观扭曲的客户。律师不能迎合客户不道德的方案，要保持独立思考，要有正确的价值观，如果客户的决策“在法律上会输”“在道德上也是输”，或者决策方案不正当、不完善，律师就要提出自己的专业意见，而不是附和客户。

◆ 抢着去起诉

财产诉讼的最终目的是获得财产，有些被告的经济状况不好，如果不及时查封，对方可能会转移财产。对于公司债务人，法律有首封优先的规定，如果迟延处理，可能会落于人后，那么财产分配也会处于劣势。

对于一些要紧急起诉的案件，晚一分钟就可能有不同的结果。当然，解决任何问题都需要综合考虑多种因素，只有效率、质量并重，才能解决好问题。可能有些客户很懈怠、很消极，但是律师不能懒惰、消极。

◆ 解决问题主动一点

有时候当事人双方可能只是在赌气才互不理睬，谁都不想礼让一步，所以直接对簿公堂，直到到了人民法院还是这种心态，所以问题迟迟不能解决。刑事案件中，被告人、被害人的关系一般比较僵，但是取得谅解对于案件的处理是有很大帮助的。这种情况下，如果律师主动一点，问题解决的可能性会更大。有可能调解的案件，在双方僵持不下的时候，律师主动迈出一步或许会成为破局的关键。刑事案件中，为争取谅解，律师可以主动与被害人联系，开庭的时候也可以留心被害人家属有没有到庭，以争取洽谈机会。如果双方一味消极躲避，想解决矛盾几乎是不可能的，而律师主动一点，就会增加解决问题的可能性，这不失为明智的做法。

◆ 一字之差，多开一次庭

曾经代理过一个案件，起诉状中有四个被告，但变更诉讼请求时写成“判令三被告赔偿原告损失……”，各被告正常答辩。庭审后法官发现了这个问题，而对于当事律师笔误之类的解释，法官未予采信，按程序重新组织开庭。这样明显增加了各方的工作量，浪费了司法资源。此类教训，不可谓不深刻。

◆ 精明强悍一点

律师的工作有比较强的对抗性，在工作中会遇到形形色色的当事人，比如不好沟通的当事人、蛮不讲理的当事人、霸道强势的当事人、斤斤计较的当事人、尖酸刻薄的当事人、撒泼耍赖的当事人、凶狠狡猾的当事人、脾气火爆的当事人、行事龌龊的当事人、没有底线的当事人，还有可能遇到不懂法的执法者、消极懈怠地履行职务的人、不依法行事反而故意刁难你的人……社会有大善，也有很多罪恶和违法行为。律师在坚持善良的同时，也要成熟一点、老练一点、聪明一点、小心谨慎一点、心思缜密一点、强悍一点，性格软弱的律师，无法应付如狼似虎之人，无法处理洪水猛兽的案件。

◆ 不可扔掉的快递单

某个买卖合同纠纷案，买卖双方都盖了章，合同邮寄签署。供货之后，双方产生争议，起诉处理。买方质疑合同上的章非其公司所盖，而卖方称合同是其签字盖章后寄给对方，对方签字后寄过来的。因此，人民法院准许买方申请公章鉴定。诉讼程序也因此被拖延。如果卖方当初保留了对方邮寄的快递单，案件或许更容易理清。

◆ 勿以常识下定论

法律具有普适性，在制定时可能有多种解决的方案，最终选择了一种方案作为普遍适用的规则，但是法律也是与时俱进的，会适当修改，比如计划生育从一孩到三孩；户口从城乡二元制到一元制；夫妻债务从由配偶举证到由债权人举证；在人身损害赔偿案件中，以前规定了城镇农村标准，后又废除。司法实践中发生了不少“今日是之，明日非之，此地是之，彼地非之”的案例。我们要深刻体会自由裁量权。

很多情况下，常理如此，法律未必如此。一个问题，可能会有几种理论，都各有其道理，在缺乏法律规定的情况下，人民法院支持哪一套理论，犹未可知。比如，交通事故中，机动车一方而受损，非机动车一方有明显过错，而非机动车一方是否应对机动车一方承担责任，虽然按常理非机动车一方要承担赔偿，但是在司法实践中并不支持；大货车司机没有从业资格证而发生事故的，保险公司要不要赔，各地司法实践不一，同一地方不同时期的实践也不一。又如，在交通事故与工伤竞合的案件中，交通事故侵权者赔偿了误工费，工伤用人单位还要不要支付停工留薪期待遇，在司法实践中并没有统一的规定。此外，在人身损害赔偿案件中，老年人能不能主张误工费也是有争议的。

总之，我们要记住，在法律没有明确规定的情况下，司法实践有可能会有差异，可能会出现同案不同判、各地司法实践不统一的现象。这就要求我们在实践中，尤其要了解当地司法实践，不要随意套用过往经验，要考虑到以前的经验可能不再适用的情况。

附录

南磁所简介

◆ 律所简介

广东南磁律师事务所（以下简称南磁所），系经广东省司法厅核准注册成立，注册地址为广州律师大厦。南磁所的诸位创始人均研习法律十余年，矢志投身法律事业。长期以来，南磁所专注于法律服务，经过大量的司法实践，在诉讼、仲裁、法律顾问、刑事辩护等领域颇有经验，对建工、交通运输、涉老法律服务、民生服务等行业，有较深入的研究。南磁所员工诚心待人，踏踏实实办好每一个件案，以无负所托。

1. 核心文化：崇尚正直忠诚

磁石，意蕴忠直，曹植诗曰“磁石引铁，于金不连”，赞颂磁石的品性高洁。文天祥以“臣心一片磁针石，不指南方不肯休”表忠诚不渝。此寓意与本律所创始人的理念相契合，故本所取名南磁，以携全体同人以此品格行事，为人处世正直忠诚，待人接物诚心无欺。

2. 愿景：成为可信赖的法律服务商

南磁所秉承“客户利益为中心”的经营理念，旨在法律领域为客户提供预防风险、化解矛盾、解决争议的服务，致力于成为提供安全、有保障、可信赖、贴切实用的法律解决方案，维护客户的最大化合法权益的法律服务供应商，成为客户信赖的法律服务商。

3. 经营理念：锻炼长技，提供精品服务

我们致力于提供专业服务，提倡“锻炼长技，提供精品服务”的执业理念，专注、潜心钻研业务，形成自己的业务优势。在办理具体业务上，我们要求团队心存敬畏，勤恳做事，无负所托。

4. 团队理念：打造可传承的律所

我们注重培养人才，充分尊重员工，完善激励机制，增强团队凝聚力、归属感，打造稳定可靠的律师队伍，使律所全体同人均保持创业者心态，艰苦奋斗，共同创业，打造一家可以传承的、让客户可信赖的、受人青睐的律师事务所。

◆ 名字由来

1. 于金不连

磁石能吸引铁，但是对于金、银、铜等没有吸引力，这是磁石的天然品质。对于磁石的此种品质，两汉时期的曹植在《矫志诗》中说道："磁石引铁，于金不连。"明代的王廷陈也有"磁石引铁金不连，饵可得鱼龙不吞"的评价。

2. 不指南方不肯休

磁石可用于制作指南针。宋代文天祥在《扬子江》中说道："臣心一片磁针石，不指南方不肯休。"

磁铁"于金不连""指南方休"的品质启示我们，做人要有忠诚的品质，履行自己的职责，而不受任何诱惑，接受一方的委托后，只对这一方忠诚不渝，这些恰如其分地体现了律师行业"忠于所托"的基本品质。

金虽贵，人犹能以不贪为宝，一如磁石"于金不连"。

忠至赤，莫过于从一无二心，恰似此物"指南方休"。

此为“南磁”的寓意，希望全体同人时刻谨记自己的受托职责，像磁石“于金不连”“不指南方不肯休”一样，受人之托，忠人之事。

◆ 律所文化

1. 品正忠诚

我们提倡正直善良，始终心怀善念。心正，则所为之事务亦正，这样才能忠诚于事，不会走偏走歪。心善，才能设身处地理解他人的处境，与人同感，诚心助人。

2. 视若己事

我们要时刻提醒自己，法律关乎人们的生命、自由、财产、声誉，甚至与人们的前途命运相关，容不得半点马虎。我们的客户是因为信任我们，才以身家性命相托，我们应当高度重视，坦诚相待，视若己事，全力以赴。

3. 精品服务

作为律师，我们追求专业，以专业为立身之本。我们需潜心钻研法律事务，脚踏实地，切忌浮躁，要修炼长技而后揽活，当如工匠，精益求精，提供精品服务。

我们应有正直忠诚的品格，要有将客户的事务当成自己的事务的同理心，有专业的技能，更要勤勉不懈，才能无负所托，这也是律所对全体同人最基本的要求。作为法律人，我们应以法律职业为荣，努力维护公平正义，为推动我国法治事业发展贡献自己的力量。

◆ 律所口号

1. 用心办好每一件案子

每件案子，不论大小，不论收费多少，都要对得起当事人，对得起自己的良心，都要用心、认认真真、诚心诚意地去办理，像对待自己的事情一样，毫不懈怠。

2. 学法三千，用之如秤

“学法三千，用之如秤”是指我们作为法律人需要学习大量的法律知识，成为专业的法律工作者，在应用法律时要坚守公平、正直的原则底线。要始终心怀善念，维护法律公正。

◆ 主营业务

南磁所是一所承办综合性法律业务的律师事务所，能够为客户提供民事、刑事、行政法律事务服务，以及部分非诉讼法律服务，其中以民商事法律事务居多。南磁所的服务对象包括政府机构、国企、协会、公司、企业、普通公民。南磁所主要的特色服务包括行政法律事务、建设工程、交通运输、人身损害、婚姻家事、安全生产。

南磁所深入基层，立足于社区，提供婚姻、财产继承、邻里纠纷、人身损害、妇女权益、儿童权益、老人法律事务等民生事务法律服务，并且积极参与法律援助。

◆ 本所著作

本所注重法律宣传，注重文书写作、系统总结工作，坚持在本所运营的微信公众号上发表普法文章、专业性文章，并且在常见的业务领域编撰了多部专业的法律著作，主要是对法律实务经验的总结，主要著作如下。

1. 2017年《交通事故理赔手册》
2. 2019年《人身损害赔偿案件简明指引》
3. 2019年《应收款案件简明指引》
4. 2020年《安全生产法律实务》
5. 2021年《交通事故保险索赔法律实务》
6. 2021年《成为一名法律人》
7. 2022年《继承法实务指引》

◆ 重要制度

针对客户服务质量、执业风险、员工培训、律所发展等重要事项，南磁所探寻、制定相应的制度，以保障客户的利益，培养律师专业能力，使事务所更有活力、更好地发展。南磁所的基本制度如下。

合伙人民主表决及一票否决权制度。该制度针对事务所发展规划、经营策略等问题。对于律所发展相关的重大事项，由全体合伙人表决决定，如有分歧，出现相持不下的情况，由持有一票否决权的合伙人决定最终策略。

合伙人定期召开总结会议及全所定期会议制度。该制度要求所有合伙人定期总结、全员参与、集思广益，集众人之智办事，共同发展。

保证案件质量制度。该制度的主要目的是保障办案质量，主要包括实习人员未经指导律师审核不得擅自立案，重大、疑难、复杂案件可申请讨论，在日常会议上可进行头脑风暴等。各团队每月定期汇报案件进度，保证案件效率。

培训制度。包括针对新人的培训及每位工作人员的个人培训。

双重负责制度。主要是团队负责人及主办人员负责制、主办人员及协办人员（实习人员）负责制。

案例研讨制度。包括定期召开案例研讨会。

此外，南磁所还制定了团队氛围与团建制度、档案管理制度等公司制度。

结　语

作为指导律师，带新人时常常想要将平生所学倾囊相授，让新入职的同事能够快速成长，早日独立处理相关事务，但律师成长不是一蹴而就的，必须脚踏实地，揠苗助长是不符合成长规律的。初入行的新人也不要过于着急，要认识到法律行业是一个专业性较强的行业，做好长期学习、终身学习的心理准备。

法律知识浩如烟海，我们结合以往在培训中积累的经验，希望能将一些基础性、实用性的理论、学习方法分享给大家，以帮助新入职的同事对未来从事的法律工作有一个比较全面的了解，对实务工作有一个基本的认识，掌握基础性的知识技能，在学习时纲举目张，能够快速掌握学习的方法，提高学习效率，调整职业心态，树立信心，养成良好的执业习惯。至于很多文书撰写及具体的工作，要通过一个个具体案件中实践学习。

对于法律人来说，基础知识是非常重要的，是基本功、软实力、内功，希望新入职的同事能够虚心、耐心地把基础夯实，坚持专业主义与长期主义，永远保持谦虚的学习态度！

对于我们提供的一些实务模板及总结的理论，在实践中加以运用，进行更深入的思考，从而完善自身的专业知识，提升专业水平。

本书中有很多值得学习的基本职业伦理、思维方式、实务技能，大多是很朴素的道理，可作为入门知识。其中有些观点可能比较片面，我们鼓励新人在学习时保持独立思考，如果有新的体会、经验，欢迎与我们分享。